A VIDA NÃO TEM SIMULADOR

RODRIGO **COHEN**

A VIDA NÃO TEM SIMULADOR

Como o trade pode te ensinar a viver melhor

Nova Petrópolis/RS -2023

Produção Editorial:
Tatiana Mûller

Projeto gráfico e diagramação:
Marcos Seefeld

Capa:
TW Design Studio

Revisão:
Aline Naomi Sassaki
Daniele Marcon

Dados Internacionais de Catalogação na Publicação (CIP)
(Câmara Brasileira do Livro, SP, Brasil)

Cohen, Rodrigo

A vida não tem simulador : como o trade pode te ensinar a viver melhor / Rodrigo Cohen. -- 1. ed. --Nova Petrópolis, RS : MAP - Mentes de Alta Performance, 2022.

ISBN 978-65-88485-14-9

1. Ações (Finanças) 2. Autoajuda (Psicologia) 3. Bolsa de valores - Brasil 4. Bolsa de valores - Investimentos 5. Compra e venda de ações 6. Day Trade 7. Desenvolvimento pessoal 8. Desenvolvimento profissional I. Título.

22-139489 CDD-158.1

Índices para catálogo sistemático:
1. Autoajuda : Crescimento pessoal e profissional : Psicologia aplicada 158.1

Henrique Ribeiro Soares - Bibliotecário - CRB-8/9314

Todos os direitos reservados. Nenhuma parte desta obra pode ser reproduzida ou transmitida por qualquer forma e/ou quaisquer meios (eletrônico ou mecânico, incluindo fotocópia e gravação) ou arquivada em qualquer sistema ou banco de dados sem permissão escrita da Editora.

Luz da Serra Editora Ltda.
Avenida Quinze de Novembro, 785
Bairro Centro Nova Petrópolis/RS
CEP 95150-000
loja@luzdaserra.com.br
www.luzdaserra.com.br
www.loja.luzdaserraeditora.com.br
Fones: (54) 3281-4399 / (54) 99113-7657

AGRADECIMENTOS

Agradeço à Flávia, minha esposa e companheira, responsável pelos dias mais felizes da minha vida.

Aos meus filhos, Daniel e David, minha razão de viver, de nunca desistir e de buscar sempre a melhor versão de mim mesmo.

Aos meus pais, que já se foram, mas com quem converso diariamente. Eles são os meus maiores mentores e exemplos de vida.

הודו לה' כי טוב כי לעולם חסדו

"Rendei graças ao Eterno porque ele é bom; porque eterna é Sua misericórdia".

Rei David

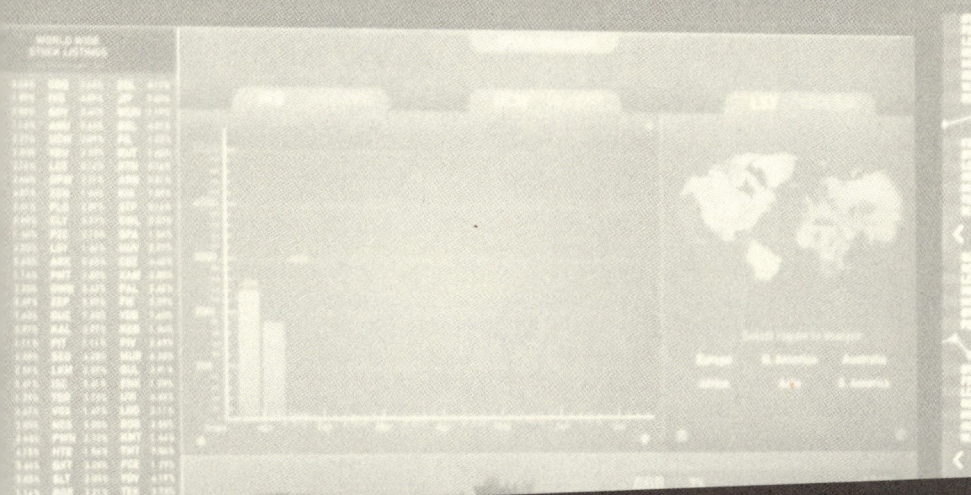

SUMÁRIO

1 O SOPRO DIVINO
11

2 NA COVA DOS LEÕES
25

3 O CURINGA
49

4 O DIA DA VIRADA
59

5 IMPREVISÍVEL
73

6 A FORÇA NO MEIO DO CAOS
87

7 A VIDA NÃO TEM SIMULADOR
97

8 O CÍRCULO VIRTUOSO
105

9 A POTÊNCIA DE CRESCER
115

10 AS PALAVRAS MÁGICAS
125

11 UM MAIS UM É IGUAL A DOIS 133

12 O XIS DA QUESTÃO 147

13 ATÉ QUANDO VOU ESPERAR 157

14 QUANDO VOCÊ ESTÁ NO SEU CAMINHO, O MAR SE ABRE 169

1
O SOPRO DIVINO

Primavera de
1994, Rio de Janeiro

Éramos seis. Eu e mais cinco irmãos. Temporão, eu era mais próximo do André, onze anos mais velho. Estar ao lado dele era mais ou menos como conviver com um grande ídolo. Ele era meu melhor amigo, minha referência.

Eu respeitava meu irmão, sabia que ele era meu exemplo. Andávamos juntos, tinha aprendido muita coisa com ele e sentia que tinha com quem contar em qualquer momento da minha vida. Falar de um irmão como ele é reviver uma história, parte do meu passado que se foi e parte de mim que se foi também.

E, talvez por isso, naquela tarde, voltando de um final de semana em Angra dos Reis, quando estávamos só nós dois dentro do carro, ouvi e acatei sua ordem sem nem pestanejar. "Coloca o cinto", disse ele quando me viu no banco do passageiro.

Eu tinha 15 anos. Ainda nem era lei usar cinto. Nada obrigatório. Mas tudo que o André falava, para mim, era lei. Então tratei de posicionar o cinto antes de pegar no sono e seguir viagem enquanto ele dirigia.

"Coloca o cinto", foi o que ele disse.

Naquela tarde, fechei os olhos e só me lembro de quando acordei no hospital.

O Rodrigo que dormiu ao lado do André, aos 15 anos de idade, reverenciando o irmão que era seu ídolo, morreu naquela curva. Parte dele foi embora quando soube da morte prematura do irmão.

Eu tinha colocado o cinto de segurança. Obedecia à voz da razão que me protegia de tudo, sempre, mas ele não tinha sido salvo. Eu me perguntava naquele dia: "por que ele e não eu?", mas já era tarde. A vida e a morte são estranhas, não somos nós que escolhemos quem vai e quem fica, e aquela lição eu ainda não tinha aprendido. Só sabia sofrer e sentir muita dor por não ter uma pessoa por quem eu daria a vida. Ele deixava uma esposa, eu ficava órfão de irmão.

Talvez a maior pancada que eu já tenha levado da vida seja essa: perder o cara com quem eu tinha a maior conexão, em quem me espelhava, para quem contava tudo sobre a minha vida. Foi uma dor irremediável.

Você já passou por isso? Perder alguém é um dos momentos em que ficamos sem chão. É quando a vida parece perder parte do sentido que tinha. O sorriso vai embora, a luz se apaga e a gente fica ali para se perguntar "quanto tempo vai demorar para eu parar de sentir dor?". Só o tempo minimiza a saudade. Mas ela não passa.

Os olhos da minha mãe — enquanto me contava detalhes do acontecido — já não tinham a mesma vida. E meu coração começava a encolher, como se eu não pudesse mais vibrar do mesmo jeito, me alegrar da mesma forma, ser o cara feliz que tinha sido até aquele final de semana.

O último olhar dele, suas últimas palavras, eu não teria nada daquilo de volta. O medo de nunca mais ser feliz bateu à minha porta. Uma sensação de que a vida não fazia o menor sentido sem aquele que me dava segurança simplesmente por existir.

Já tinha acontecido o pior. E, quando o pior acontece, você fica com a impressão de que mais nada pode te abalar tanto.

Não sei dizer quando deixei de sentir. Se foi quando fechei os olhos depois de colocar o cinto de segurança, enquanto meu irmão guiava rumo ao Rio de Janeiro, ou quando acordei e soube que ele tinha ido embora para sempre. Só sei que, depois daquele episódio, tudo tinha mudado. Fiquei em negação, me tornei um jovem rebelde e, durante alguns anos, não tive qualquer contato com a religiosidade ou espiritualidade, nem com Deus.

E se tem uma coisa que faz falta na vida de uma pessoa é essa conexão com algo maior. A vida sem Ele fica sem sentido.

30 anos depois. Primavera de 2013, Rio de Janeiro

"Você tem um sopro no coração" — a médica disse depois do exame de rotina.

Sopro? Eu não tinha ideia do que era aquilo, mas tive intimidade com o caso quando o ecocardiograma acusou que meu coração podia crescer demais.

Crescer?

Ter um coração gigante não parecia ruim. Eu só não conseguia absorver tantos sentimentos. Tinha desenvolvido um mecanismo de defesa que me deixava frio e, de repente, ia para uma cirurgia de correção cardíaca para não ter um coração maior do que o das outras pessoas.

O sopro veio como um recado divino. Um recado de que as batidas do meu coração não estavam em sintonia com a vida aqui fora. Eu vivia com medo. Já tinha dois filhos e temia não conseguir pagar as contas. Estava com as mensalidades da escola atrasadas e tive uma conversa com Deus antes de saber do problema no coração.

Nesse período, embora lidasse com os perrengues com certo distanciamento e frieza, porque nada se equiparava à perda que eu tivera na adolescência, já tinha o que chamo de "emuná grande". E se você não sabe o que é emuná, vou te explicar brevemente: é uma fé pura e inabalável na Providência Divina.

Durante minha trajetória profissional, muitas pessoas buscavam meu conselho e eu tinha lido muita coisa, mas um dos livros que tinham mudado a minha vida falava justamente sobre a força do emuná. Naquele livro, o autor deixava claro que a raiz de todo sofrimento humano é a falta de emuná. Tanto problemas financeiros quanto problemas no casamento precisavam de uma emuná reforçada. A emuná também precisaria ser fortalecida caso a pessoa estivesse passando por um período de turbulência emocional. E fortalecer a emuná seria uma chave mestra que abre qualquer porta da vida.

Eu precisava fortalecer minha emuná.

Precisava que o desespero desse lugar à paz interior. Precisava encontrar a minha paz. Como eu também estava capengando financeiramente, num momento de conversa com Deus, fiz a pergunta-chave: "O que você quer de mim?".

Aquele instante foi quase um recomeço para nós dois. Não que a gente não se falasse, mas eu estava cansado de buscar respostas, mesmo sem formular as perguntas certas.

Quando ficamos afastados dessa Força Maior, geralmente ficamos mais materialistas, menos conectados com nossa missão de vida, apavorados diante das circunstâncias que se apresentam, reagindo a tudo sem perceber que temos como mudar todas as situações a partir de nós.

Fiquei ali, olhando para o morro que divide a lagoa Rodrigo de Freitas e a praia de Copacabana, e comecei a chorar convulsivamente. Cada lágrima que saía limpava um pouco daquele revestimento que meu coração tinha aprendido a suportar. Não tinha mais aquela armadura que me deixava invicto e me afastava do que eu sentia. Estávamos eu e Deus numa conversa íntima. Não tinha pra onde fugir.

"Eu quero uma resposta. Se não for para viver do meu propósito, fazer algo que faça a diferença, pra que viver?". Não era um ultimato. Era uma provocação. Sempre fui um sujeito questionador, mas jogar com Deus era inédito. Era nossa primeira conversa naquele tom.

Anos antes, quando saí da empresa da família dizendo que não era feliz ali, porque não fazia a diferença, ninguém tinha entendido ao certo o que eu queria da vida. Talvez nem eu soubesse, mas sabia o que não queria: fazer algo que não fazia a menor diferença.

Desde o dia em que O indaguei, a resposta veio de um jeito rápido. Dizem que Deus fala de um jeito que é impossível não escutar. E ele soprou a resposta, não no meu ouvido, mas no meu coração.

Naqueles dias, refleti sobre a minha existência, minha impermanência, minha fé, meu propósito, meu futuro e meu legado. Quem eu era? Quem eu queria ser? Será que Deus poupou minha vida como uma resposta para que eu trouxesse aquilo que estava guardado dentro de mim, fazendo meu coração aumentar de tamanho?

As perguntas mudaram, as certezas diminuíram, mas me muni de coragem. Pensei no meu irmão André, nos meus filhos, na minha esposa, Flávia. Eu fazia a diferença na vida de tanta gente. Por que aquela inquietude de querer fazer sempre mais?

Forjando uma armadura desde a morte do meu irmão, eu me afastava da vida, das sensações, de tudo que pudesse um dia me deixar vulnerável.

Minha vida tinha sido poupada, pela segunda vez, por algum motivo, e eu precisava descobrir qual era. Honrar minha existência, trazer algum legado para a sociedade, para meus filhos. Eu começava a me aprofundar nos estudos e perceber como a prosperidade estava intimamente ligada à vida espiritual. Precisava entender também que era obrigação de todo ser humano fazer com que a riqueza se expandisse pelo mundo ao seu redor.

No entanto, esse era apenas um dos primeiros aprendizados depois da minha conversa com Deus. Ainda não imaginava quanta coisa estava por vir.

Acordei da cirurgia e da anestesia geral ainda um pouco grogue. Alguém tinha morrido minutos antes. Poderia ter sido eu, mas não tinha sido. Eu não tinha perdido a vida naquele momento, tinha sobrevivido. Teria sido poupado por qual razão?

Se eu estava vivo, deveria ter uma razão. Seria a resposta para aquela pergunta que eu havia feito, meses antes, enquanto vislumbrava um futuro que nunca vinha? A pergunta que eu fazia com insistência quando brigava com Deus. Por que eu tinha sido poupado? Por qual razão estava vivo?

Eu já não era o mesmo. Não o mesmo jovem, nem o mesmo adulto. Tanta coisa mudava e ia fazendo de mim alguém diferente, então eu já previa que havia várias facetas minhas perambulando pela vida.

E você? Está vivendo de acordo com a sua missão ou está preocupado diariamente com milhares de problemas cotidianos e contas a pagar, deixando a vida passar?

Porque uma coisa é certa: ela passa, e se não estamos conectados com Deus, ficamos só contando centavos, com medo de tudo e apavorados com a morte — que é certeira e implacável. Eu tinha aprendido isso quando jovem. E tinha tido um susto já adulto. Esse susto me acordou e me fez despertar para algo maior que eu. Não adianta nos apavorarmos com as circunstâncias externas. Deus sempre terá um plano para nós, mas, às vezes, ele nos acorda de um jeito diferente para percebermos que precisamos estar atentos ao que realmente importa nessa vida. Estes sustos nos fazem acordar da inércia, daquele dia a dia em que só reclamamos e pouco agradecemos, daquela fome material que sempre traz consigo um vazio.

Se você está se sentindo assim, sem sentido, cheio de dúvidas, com medo de não dar certo, pare e faça as pazes com Deus. Fortaleça a si mesmo e continue a caminhar confiando. Antes que seja tarde, agradeça mais pela sua vida, pelo milagre de estar aqui. E continue. Enquanto estivermos vivos, podemos fazer algo.

> "QUANDO FICAMOS AFASTADOS DESSA FORÇA MAIOR, GERALMENTE FICAMOS MAIS MATERIALISTAS, MENOS CONECTADOS COM NOSSA MISSÃO DE VIDA, APAVORADOS DIANTE DAS CIRCUNSTÂNCIAS QUE SE APRESENTAM, REAGINDO A TUDO SEM PERCEBER QUE TEMOS COMO MUDAR TODAS AS SITUAÇÕES A PARTIR DE NÓS."

@rodrigocohenoficial

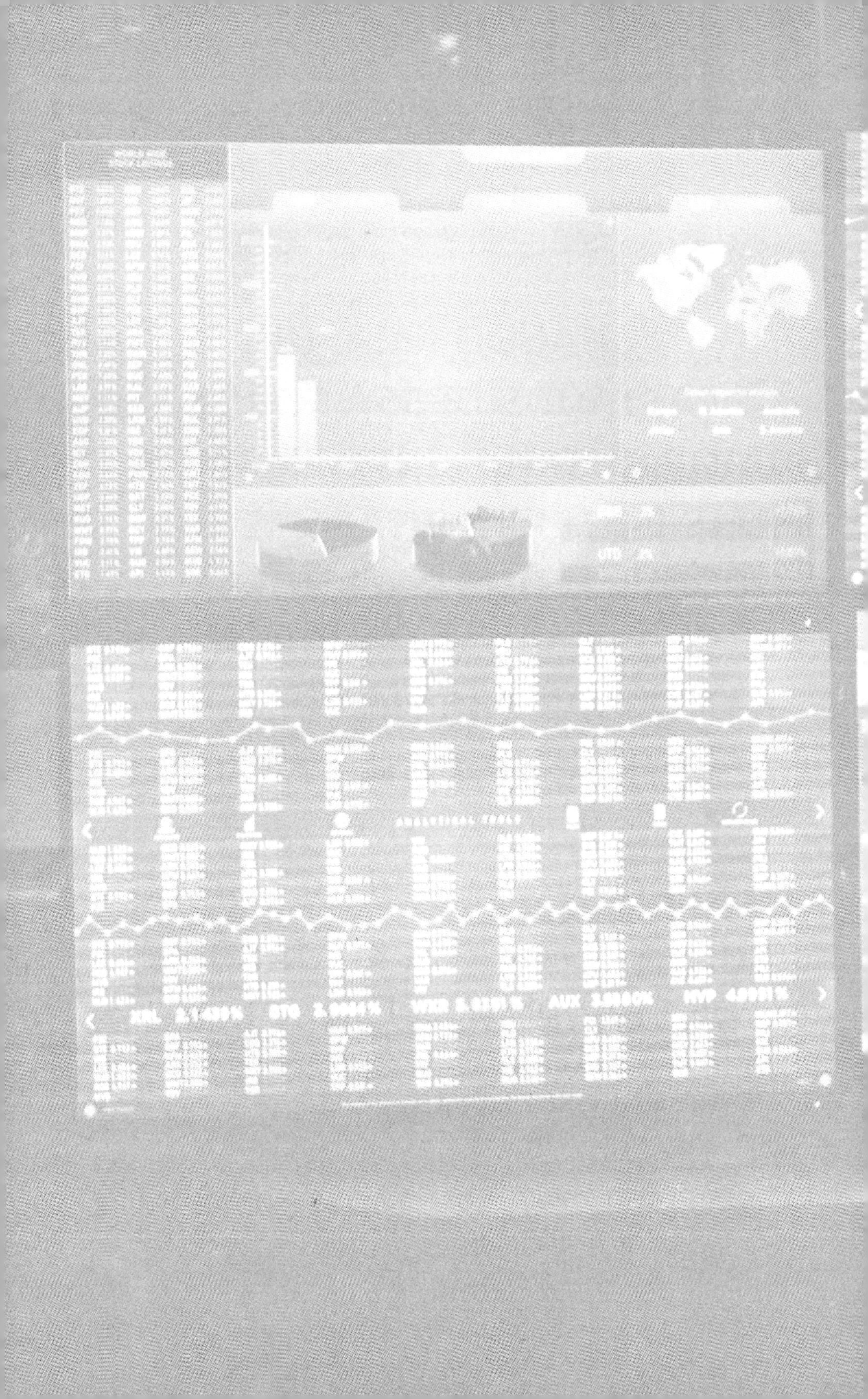

2
NA COVA
DOS LEÕES

Hoje atuo como trader. A palavra é difícil, muita gente não entende do que falo, mas sabe que rola muito dinheiro no jogo e corre atrás das minhas mentorias para aprender como fazer o que faço. Na prática, as pessoas querem saber como ter mais dinheiro.

Numa era em que se fala muito sobre fazer o que se gosta, falo sobre fazer o que se gosta e, ao mesmo tempo, o que traz bons resultados financeiros. Isso faz com que as pessoas que querem aprender a investir vejam em mim uma possibilidade para inovar. E vivo falando que não adianta fazer o que se ama se não ganhar dinheiro com isso. Muita gente fala que está insatisfeito com o emprego e acha que vai ficar rico fazendo trade e abraçando a esposa e ganhando dinheiro deitado na cama.

As pessoas que hoje fazem minha mentoria querem aprender alguma coisa comigo, mas o curioso é que acabo ensinando mais do que fazer trade. Ensino valores, princípios e deixo as pessoas perceberem que dinheiro não é tudo na vida. Mesmo que eu as ensine a ganhar dinheiro. Parece contraditório? É porque você não sabe o valor da sua vida!

Faço relativo sucesso na internet, tenho parcerias incríveis, números e algoritmos a meu favor, exposição na mídia e sou cercado de pessoas que me querem bem. Hoje. Mas nem sempre foi assim.

Aliás, experimente estar por baixo para perceber quantos amigos você tem, de fato.

Posso contar nos dedos quantas pessoas estiveram ao meu lado quando rolou a cirurgia cardíaca, quando estava sem dinheiro internado no hospital ou devia uma grana para a escola dos meus filhos. Sei exatamente a sensação de se sentir exausto, envergonhado, sem saber o que fazer ou para onde ir para poder pagar uma mensalidade da escola dos filhos.

Se me perguntarem qual o pior dia da minha vida, certamente este que vou relatar a seguir está nos Top 3, porque passar vergonha diante dos filhos é algo com que ninguém sonha.

Eu deixava os meninos todos os dias na escola enquanto a Flávia ia para o hospital trabalhar. Era um momento profissional em que eu ainda não dominava o que fazia. Tinha acabado de começar a me dedicar integralmente ao trade, mas ainda não era o suficiente para ter o dinheiro de que precisava para pagar as contas.

Eu estava praticamente jogado na cova dos leões. E isso foi bem antes daquela cirurgia que contei no capítulo anterior.

> Você pode estar se perguntando: Por que decidi trabalhar com trade? Por que um mercado tão instável que eu não dominava?
>
> Vamos fazer uma breve volta no tempo para que você entenda a minha história.
>
> Tudo começou enquanto eu trabalhava com tecnologia na empresa da minha família e queria sair da minha área, porque não era feliz onde estava. Pode parecer um papo estranho, mas, para mim, era desperdício de vida e de talento estar fazendo algo que não me trazia qualquer contentamento durante tantas horas do dia.

Nessa época, meu pai me incentivava a ir para a Bolsa de Valores. Dizia que era um negócio rentável e que dava para "ganhar um bom dinheiro" se soubesse operar.

Como as palavras dele eram um mantra para os meus ouvidos, decidi que seguiria aquele conselho e comecei a estudar.

Até que vi um sujeito fazendo uma live para duas mil pessoas. Era surreal isso acontecer em 2009, quando praticamente não tinha live. Ele estava no palco, mostrando o que sabia, e eu, fascinado, assistia a tudo aquilo com muita atenção.

Naquele dia, uma chave virou e pensei: "quero ser esse cara". Eu queria saber algo muito bem a ponto de fazer aquilo de forma excepcional e depois ensinar as pessoas a crescerem com aquilo. E eu sabia que podia seguir aquele caminho.

Muitos anos depois, eu levaria essa mesma conexão para os meus alunos e despertaria neles a sensação de um dia "querer ser alguém como eu".

A questão é que dar um bom exemplo é uma conjunção de fatores. Sempre lembro que já vi um sujeito ganhando dinheiro de maneira íntegra e me mostrando que eu poderia ganhar. E, nessas horas, meu pai, que trabalhava com varejo, dizia "o lojista tem um limite de quanto pode ganhar. Qual o limite? Seu estoque. Se ele vende todo o estoque, não vende mais nada". Porém, quem opera não tem limite de ganho. E era isso que eu aprendia na prática.

Eu podia ter um limite de perda no trade, que é o dinheiro que se tem na conta da corretora, mas não teria limite de ganho.

Para cima, seria infinito, mas, para baixo, o limite era o chão.

Na época, pensei que poderia unir o útil ao agradável. O agradável seria estar no palco, protagonista da minha vida, numa situação de mentor de algo que eu aprenderia com maestria. Eu sabia que faria aquilo de forma bem-feita e responsável. Por último, eu queria ganhar dinheiro com o trade.

A pessoa naquele palco, na época, era o Marcelo Coutinho, que, anos depois, me procuraria para promover o negócio dele.

A junção de conseguir fazer algo, ganhar um bom dinheiro e poder ajudar as pessoas com isso parecia maravilhosa.

Era um motivo e tanto para seguir adiante.

PARA CIMA, SERIA **INFINITO,** MAS, PARA BAIXO, O **LIMITE** ERA O **CHÃO**

@rodrigocohenoficial

Meu pai sempre dizia que quando você começa uma coisa, começa de baixo. E eu estava literalmente no começo de uma nova carreira.

O fato é que os meninos eram pequenos, tinham 3 e 5 anos, e eu ia todos os dias deixá-los dentro da escola, na porta da sala, para ser bem específico. E, num desses dias, quando vi o tesoureiro da escola, me escondi atrás de uma das pilastras para não ser reconhecido. A cena era hilária, fiquei pálido e meus filhos notaram. Mas, naquele momento, eu não tinha a dimensão de que estava numa corda bamba e não tinha sequer equilíbrio para andar sobre ela.

Eu sabia que não podia fugir por muito tempo, mas um dia a mais que me escondia já era o bastante. Pagar a mensalidade ainda não era possível até então. O problema é que eu não tinha um salário que entrava mensalmente na minha conta e queria crescer num negócio que nunca tinha feito. Começar do zero é relativamente desafiador dentro dessas circunstâncias. No entanto, eu tinha na minha veia um DNA: o de compartilhar conhecimento. Minha mãe, que era professora desde sempre, me inspirou nisso. Eu não sonhava em ser trader, sonhava em um dia ensinar as pessoas a fazer trade e o que tinha aprendido. Mas, para isso, precisava passar por uma longa caminhada em que o aprendizado era necessário. Além disso, precisava de obstinação, foco no resultado, busca pela excelência na performance — tudo junto.

Com o olho lá no futuro, sabia que ia deixar minha marca um dia, mas esse dia nunca chegava.

Eu já tinha clareza da minha missão: fazer com que as pessoas ganhassem mais dinheiro — embora eu ainda não ganhasse. Era curioso como, desde sempre, eu priorizava os outros dentro das minhas metas. Pensar mais no outro do que em mim também estava no meu DNA materno.

E, aos poucos, fui entendendo a lógica do avião em queda. Para colocar a máscara de oxigênio em quem estava ao meu lado quando o avião estivesse caindo, eu precisava primeiro colocá-la em mim.

E o avião estava em queda livre. Como eu poderia querer salvar alguém? Eu me lembrava da minha mãe, que vivia pra todo mundo e não cuidava de si mesma. Conhece alguém assim? Que se despedaça para manter todo mundo bem, mas fica em cacos? Pois é. Não vale a pena.

Percebi que a vida era imprevisível quando meus pais se separaram e eu era apenas uma criança.

Hoje sei que se o mercado financeiro muitas vezes é imprevisível, e quem não sabe lidar com o inesperado também não consegue entrar nesse jogo.

Tudo muda num piscar de olhos e quem está preparado para o caos vence.

Durante a minha infância, o dinheiro era valorizado na família, porque sabíamos o que era viver sem. Valores eram preservados, porque sabíamos o quanto eram importantes em todos os momentos.

Lidando com essa insegurança, cresci me fortalecendo como um daqueles sujeitos que colocam uma armadura para não precisar deixar o peito exposto. Cresci com um sentimento inconsciente de que sempre havia algo à espreita para tirar a nossa paz, de quem precisa estar atento a tudo, porque, de uma hora para outra, as coisas podem sair do controle. Nesse meu DNA talvez tenha desenvolvido a resiliência para lidar com altos e baixos do mercado financeiro.

 **Só quem perde tudo na vida percebe que dinheiro é pouca coisa a se perder.**

E quando comecei a ensinar às pessoas o que era trade, a pergunta principal era "Cohen, como eu deixo de ter medo no trade?".

Você tem medo porque pode ter uma adversidade diante de você. Tem pessoas que tem medo de perder R$ 20, mas tenha calma. O fato de acontecer algo inesperado nem sempre é ruim.

Aí entra um conceito interessante do mercado que se chama "*stop gain* e *stop loss*[1]". Ganhar e perder dinheiro é o que fazemos todos os dias, mas tem pessoas que temem perder R$ 20, R$ 30, ou ficam desesperadas se tomam alguns *stops* seguidos.

---

1 *Stop gain* é uma operação que vende ações para garantir o lucro da operação; já o *stop loss* vende as ações automaticamente para evitar perdas ainda maiores.

E ninguém coloca na balança o que é de fato algo que pode nos parar. O fato de você se levantar da cama com saúde é digno de agradecimento. E perder faz parte do nosso aprendizado.

Se você acordar e bater o pé na cama, tomou um *stop*; se acordar e acontecer alguma coisa negativa, tomou um *stop*. Não é só o dinheiro em jogo na vida.

Digo isso mesmo sabendo que já perdi R$ 150 mil em um único dia de trade. Claro que ninguém fica "de boa" quando perde muito dinheiro, mas hoje sei que dinheiro vai e dinheiro vem. Dinheiro se perde, dinheiro se recupera, mas o ser humano não aceita perder. É da nossa natureza não aceitar.

Certa vez, li uma pesquisa feita por dois psicólogos judeus que entenderam como o medo agia quando o ser humano estava ganhando e como ele se munia de coragem quando estava perdendo. Por exemplo: se você for entrar numa trade e tiver duas alternativas — sendo que a primeira é ganhar R$ 50 garantido e a segunda é poder ganhar R$ 100 ou nada, a maioria prefere a primeira opção, que é os

100% da certeza, em vez da chance de não ganhar nada. Mesmo sabendo que, se ganhassem, seria o dobro daquele valor.

Anos depois, os mesmos estudiosos fizeram a pergunta contrária: se o sujeito entra numa negociação e pode perder 50% ou tem chance de perder 100% ou nada, o que ele prefere?

A maioria preferiu a segunda opção. A chance de não perder nada, mesmo podendo perder o dobro, faz com que o risco dela aumente.

Percebe o funcionamento do ser humano?

De certa forma, eu sempre soube o que era perder tudo.

O fato de perder meu irmão aos 15 anos me fez refletir durante muito tempo sobre por que ele tinha ido e não eu.

Eu tinha tido perdas. Fiquei andando sobre muletas por um bom tempo e sabia que caminhar sem elas seria um grande desafio. Na vida era o mesmo. Sem o irmão, tudo ficou mais difícil.

No entanto, embora os baixos tenham me preparado para saber lidar com as coisas ruins, os altos foram tão bons que superam qualquer registro negativo que possa ter sido talhado na minha memória.

De todas as pessoas que me conheceram, apenas uma delas esteve comigo nos dias bons e ruins. Fez parte da história que vivi e foi a responsável pelo dia mais feliz da minha vida: a Flávia.

A Flávia era tipo *a menina perfeita*. De tão perfeita, era intocável. Sendo minha melhor amiga, conhecia minhas fraquezas e, por incrível que pareça, eu me sentia seguro ao lado de uma pessoa que conhecia minhas maiores vulnerabilidades.

Com ela me casei e tivemos dois filhos. Ela se formou médica. Eu trabalhava com a minha família. Quando as coisas desandaram financeiramente, ela passou a segurar as pontas enquanto eu fugia do tesoureiro da escola, porque devia seis meses de mensalidade dos meninos. Isso se chamava cova dos leões. E você já deve ter estado nessa cova algum dia.

As coisas estavam difíceis: ela trabalhava muitas horas por dia, cuidava das crianças quando não estava trabalhando e sabia que eu estava investindo no início de uma carreira sem ganhar quase nada.

"Desculpe te ligar agora. Espero que seja a última vez, mas eu preciso fazer isso." – Eu me lembro das palavras do diretor financeiro quando ele me cobrava as mensalidades. Ouvir aquelas palavras era indigesto. Eu mal podia respirar enquanto ele falava, num tom mais sóbrio do que o de costume, o que eu já estava cansado de ouvir.

Eu já devia dinheiro para a escola fazia tempo. O diretor financeiro tinha até oferecido bolsa para as crianças, mas eu preferia ficar seis meses sem pagar e depois quitar o valor total, sabendo que conseguiria pagar o valor integral sempre, do que diminuir o valor mensal para tentar chegar num nível baixo e me acomodar com ele.

Tinha medo de me acomodar com aquela situação porque, intimamente, sabia do meu potencial, que aquilo era temporário e tinha muita garra e fé de que um dia poderia reverter aquele quadro. A educação dos meus filhos era prioridade e eu queria remunerar a escola de maneira justa.

Eu não queria ser o "pai da bolsa". Nem sonhava que um dia esse termo seria cobiçado por muitos, e por motivos muito diferentes, mas dentro daquele contexto era um atestado de que eu não dava conta do básico: a educação dos meus filhos.

A escola tinha uma pegada comunitária. Muitos alunos eram bolsistas e como não era uma instituição com fins lucrativos, quem financiava os estudos de quem não tinha recursos para pagar eram aqueles que podiam fazer doações e contribuir de outra forma.

Naquela época, eu estava longe de me tornar mantenedor da escola. Pelo contrário, era um dos principais devedores e aquele homem cuja ingrata missão era cobrar os desavisados, telefonava para mim com tanta autoridade, que fui buscar um empréstimo para honrar os compromissos que não conseguia por conta própria.

No entanto, não era a primeira vez que eu me sentia o pior dos piores.

No meio de todos os percalços da época em que eu estava iniciando no trade, nossa família, que eu considerava estruturada e feliz, foi fatalmente atingida pela força das circunstâncias. Flávia adoeceu.

    Ela tinha desenvolvido uma doença autoimune decorrente do estresse, pois levava a casa, a escola, o trabalho, e não se deixava abater. Ficou anos no meio de um furacão, com partes do corpo inchadas, até não aguentar mais. Fazia uso de várias medicações muito fortes e acabou até tendo uma hepatite medicamentosa. Muitas vezes, mal saía da cama, inchada, até que isso se tornou frequente. Além disso, o Daniel, nosso filho, também tinha asma. Então, durante a noite, ela cuidava dele. Ainda não sabíamos que ela ia buscar a cura através da medicina integrativa, nem que teríamos uma reviravolta, mas naquele momento não víamos qualquer luz no fim do túnel.

    A minha impotência diante daquele fato me destruiu internamente. Era pior que não poder pagar a escola ou não conseguir ganhar dinheiro naquele aprendizado com o trade. Era ver que ela estava dando tudo de si e eu, incapaz de sustentar a família, não podia fazer nada para aliviar o desconforto dela ou tirá-la daquela situação.

Eu lembrava da minha mãe e suas crises depressivas.

Percebi que em ambos os casos as situações pareciam totalmente fora de controle. Os pilares da casa tinham ruído.

Eu não podia controlar nada na vida. Ou podia?

A essa altura do campeonato, eu já tinha me apegado à religião judaica e conhecia muito sobre os preceitos judaicos. Um deles me fazia fortalecer o que havia de mais forte dentro de mim: a fé na Providência Divina.

Só que é fácil ter fé quando tudo vai bem. Difícil é ter a mesma autoconfiança durante os perrengues.

E, assim, entendi que não podia continuar do jeito que estávamos.

Por isso, hoje, quando ensino alguém a fazer o que faço, a primeira pergunta que me passa pela mente é: esse cara sabe segurar a onda quando tudo vai mal?

Uma pessoa que trabalha no mercado financeiro deve estar preparada para os ganhos e perdas, altos e baixos.

> Na hora mais escura do dia — dizem que é um pouco antes de o sol nascer — é que testamos nossa fé. E quem não encara a noite não está preparado para viver sob a luz do sol.

Anos depois, quando eu já estava no mercado, mais uma vez fui jogado na cova dos leões. E quero que perceba isso: você nunca poderá fugir dela, mas vai aprender a lidar com ela.

Eu era um cara seguro, já tinha feito excelentes transações e estava numa curva ascendente, quando um sujeito do mercado me preparou para a realidade: "Você sabe que não é o melhor. E que vai ser jogado para escanteio se seus resultados não melhorarem".

Suas palavras ecoaram dentro de mim, bateram no peito de um jeito único. E entrei na cova dos leões. Não fui jogado nela. Sabia que estava competindo em um mercado sanguinário, onde só poderia contar comigo mesmo. O day trade era a Fórmula 1 do mercado e eu queria ser o Ayrton Senna.

A certeza da qual me muni quando decidi que não seria engolido naquela cova me fez crescer de tamanho, e poucas vezes na vida entramos nesse estado de certeza. Acho que só quando não temos nada a perder, quando já perdemos tudo, quando queremos provar nossa capacidade. É mais ou menos quando sabemos que podemos dar a vida por algo.

Essa certeza não se ensina nem se transfere. Ou se vive, sem medo de ser devorado dentro da cova, ou nem se entra nela.

Quem não está disposto a literalmente dar a vida por algo não sai do lugar. Entenda isso de uma vez por todas.

O que aquele sujeito provocador não sabia era que eu era daqueles jogadores que se sentem estimulados quando provocados, quando o adversário pergunta por que ele está ali se vai ser vaiado e não está à altura dos competidores.

No dia em que fiz minha primeira grande venda com sete dígitos, eu tinha em mente uma coisa: sabia que um dia ia criar o meu negócio e crescer muito naquele ramo. Sabia que ia quitar minhas dívidas. Tinha certeza de que ia tirar minha família do buraco.

Então, quando você olha pra mim e acha que está vendo um sujeito que deu sorte na vida, se engana.

Do lado de cá, tem alguém que já comeu muita grama, conheceu o inferno e o céu, a guerra e a paz, e sabe que tudo é passageiro, mas que tem uma energia abissal para ajudar pessoas a encontrarem o seu melhor. Não desejo para ninguém o que vivi no meu pior momento. Nem aos meus piores inimigos.

No entanto, o que vivo hoje, com prosperidade, abundância, estabilidade e uma equipe que entende do que faz, é a conquista e a prova de que qualquer um de nós pode chegar aonde quer. Um passado difícil pode estar lá atrás enquanto um futuro é construído com a força que você tira do seu pior momento.

Seja você uma pessoa conservadora, moderada ou agressiva, o fato é que você só vai descobrir qual é o melhor tipo de investimento para você quando estiver testando. E arriscando a própria pele.

E arriscar é coisa de quem conhece o fundo do poço e sabe que não tem nada a perder. De quem se mune de atitude e parte para cima. Pela mulher, pelos filhos, pela honra. E para provar a si mesmo que a fé inabalável é uma das maiores virtudes que um sujeito pode ter.

Altos e baixos? O mercado e a vida são cheios deles. O diferencial da pessoa de sucesso é saber sobreviver a eles.

> Eu até posso te ensinar todas as técnicas que aprendi, mas se eu não te fizer entender que aí no fundo da sua alma alguma coisa precisa ser sacudida para acordar um gigante adormecido e perceber o quanto você está disposto a jogar e por quem está disposto a lutar, nenhuma técnica funcionará.

Eu sei o meu porquê. Será que você se conhece o suficiente para seguir no jogo? Será que se um dia entrar na cova dos leões, você é capaz de crescer ainda mais e sair vivo?

SÓ QUEM PERDE TUDO NA VIDA PERCEBE QUE DINHEIRO É POUCA COISA A SE PERDER

@rodrigocohenoficial

3
O CURINGA

Já parou para pensar que dentro de um baralho existem inúmeras cartas de copas e ouros, espadas e paus, mas existe apenas um curinga?

O curinga é uma espécie de peça-chave que cabe em qualquer lugar, mas pensa por si próprio e não é influenciado pelos demais. Isso o torna único. Ele pode entrar em qualquer jogo e fazer a parte dele. Muitas vezes ele é incompreendido, porque parece se divertir com situações que ninguém compreende ou trazer uma nova perspectiva para um jogo ganho.

A verdade é que muitas vezes na vida me senti um curinga por ser incompreendido, por me sentir "fora" e, ao mesmo tempo, dentro de muitas operações absolutamente distintas, cabendo em espaços tão diferentes entre si e me adaptando a cada um deles.

Assim que decidi que queria ser feliz no que fizesse, ganhar dinheiro e que era importante ser protagonista onde estivesse, optei pelo mercado financeiro. Ali, eu sentia que poderia ter status, dinheiro e fazer o que gostava.

> **NUMA ERA EM QUE SE FALA MUITO SOBRE FAZER O QUE SE GOSTA, FALO SOBRE FAZER O QUE SE GOSTA E, AO MESMO TEMPO, O QUE TRAZ BONS RESULTADOS FINANCEIROS**

@rodrigocohenoficial

Para mim, felicidade no trabalho era o equivalente a fazer o que gostava, atuando sem ver o tempo passar e ganhando dinheiro com isso.

Vou voltar um pouco no tempo, para que você entenda como cheguei até aqui.

Comecei a trabalhar aos 15 anos. Era uma época em que a internet praticamente não existia e descobri uma forma de operar o computador com um modem. Era nerd de computação desde os 6 anos, quando meu irmão André me deu de presente um computador com o qual eu poderia jogar.

Tinha uma ligação forte com a tecnologia e comecei a ligar o computador a um fax modem e fazer uma espécie de conexão discada. Dessa forma, acessava apps a que ninguém tinha acesso aqui no Brasil.

Comecei a expandir aquilo, deixando o telefone conectado e criando uma prestação de serviço — isso se chamava BBS. Comecei a aprender inglês, consegui ligar um bipe e abrir uma linha que se conectava com outros países e comecei a receber pelo que fazia. O dinheiro eu guardava no armário da minha mãe. E, aos poucos, comecei a trabalhar só com o que gostava e fazia bem.

Foi tudo tão orgânico que mal vi passar: a faculdade, cair de cabeça na computação e programação e, quando percebi, estava adquirindo um livro pela internet. O livro era sobre programação e em inglês, e eu sabia que precisava decorar tudo e aprender, porque teria uma oportunidade numa empresa gigante.

O projeto era para um mês de trabalho, mas cheguei com tanta energia que, além de ser contratado, acabei ficando por oito meses.

Mas comecei a despontar profissionalmente quando meu irmão Ricardo, quase vinte anos mais velho que eu, que tinha uma empresa de roupas, me chamou para trabalhar com ele e com meu pai.

Aí entra a história do curinga.

Quando você vê uma figura se destacando e não sabe usá-la bem no seu jogo, tudo pode ir mal. E foi o que aconteceu.

Como eu estava performando bem na outra empresa, meu irmão imaginou que como chefe de manutenção eu teria algum valor. Ledo engano.

O "rapaz da TI" ficou oprimido e se sentindo sem qualquer valor dentro daquele departamento. E, por me sentir assim e pedir oportunidades em outras áreas, fui atacado por ter "vaidade intelectual". Acreditavam que eu achava que sabia mais do que os outros. Não era isso. Eu só não estava dando o melhor de mim naquele lugar, porque poderia ser útil em outro.

Na vida, há sempre um curinga que não se deixa iludir pelo rei de Copas. E um desses sujeitos com o rei na barriga certa vez chegou para mim e disse que eu deveria falar para todo mundo o que fazia ali. Dei de ombros e ele soltou a seguinte frase: "Os humildes não chegam a lugar nenhum na vida".

Guardei aquela frase. Não era o que eu tinha aprendido, muito menos o que acreditava, pois sempre acreditei que humildade era um valor precioso e entendi que ali não era o meu lugar. Sabia que podia levar o que sabia para alguma empresa onde pudesse faturar com isso.

Além do mais, se eu fosse para o mercado financeiro, ia ter o respaldo do meu pai, porque ele sempre gostou de investir. E a verdade é que desde pequeno meus olhos brilhavam ao ver seu fascínio com as operações que eu fazia.

Queria ter assunto com ele. Queria fazer algo que o deixasse orgulhoso, talvez. E mesmo sabendo que ele tinha quebrado, porque recebia dicas muito ruins — talvez por isso eu jamais tenha entrado nessa onda de dicas —, eu entendia que era um mercado que poderia exigir o meu melhor: coragem naquilo que dependesse exclusivamente de mim.

Nascer quando seus pais têm 40 anos tem uma parte boa e outra ruim. A boa é que eles têm experiência de vida e tinham outros cinco filhos para mostrar o caminho. A ruim é que eu sabia que não poderia conviver com eles por tanto tempo. Então, em tudo que eu fazia, pensava numa maneira de tê-los mais perto. Ou simplesmente fazê-los se orgulhar do meu sucesso.

Um dia vi um vídeo de um homem famoso ensinando como ganhar na Bolsa. Aquilo me deixou com os olhos marejados. "É isso. Veja, pai. É isso que eu quero fazer!"

Eu queria ser aquele cara.

Comecei a atuar num escritório e, depois de passar numa prova feita num Maracanã lotado, disputadíssima, entrei naquele lugar. Foi tudo muito rápido. Comecei a trabalhar lá, mas minhas ideias eram jogadas pela janela. E toda minha energia era desperdiçada pelo conservador dono da empresa.

Foi aí que decidi abrir a minha própria empresa. Mas o critério de escolha do sócio não foi dos melhores. Ao invés de buscar alguém do mercado, busquei alguém confiável, que não tinha experiência com aquilo e ainda tinha outra atividade profissional. O resultado foi que trabalhei muito e a conta não fechava.

Fiz com que ele entendesse que não estávamos tão alinhados. E, nesse período, começou a dança das cadeiras. Conheci um sujeito bom de operação, com quem tinha uma boa liga comercial e ajustamos os percentuais da empresa.

Depois de um reajuste, acabamos deixando a sociedade de lado. O que me mostrou que "amigos, amigos, negócios à parte" era o que conservava o ecossistema. Por mais que eu mantivesse minha ética e impecabilidade com a palavra, não via qualquer sentido em manter pessoas com as quais tinha bom relacionamento, mas não traziam resultados.

Alguns me chamam de impiedoso, o tipo de cara que faz o que precisa para tirar o outro da frente. Outros acreditam que eu seja a peça-chave de um jogo. E muitos que eu consigo ler os ambientes sem me submeter a eles, mas me ajustando a cada um. Seja como for, se a vida fosse um jogo, talvez eu fosse um curinga. Livre para ser o que sou. Até para questionar a mim mesmo.

> "O MERCADO FINANCEIRO MUITAS VEZES É IMPREVISÍVEL, E QUEM NÃO SABE LIDAR COM O INESPERADO TAMBÉM NÃO CONSEGUE ENTRAR NESSE JOGO"

@rodrigocohenoficial

4
O DIA DA
VIRADA

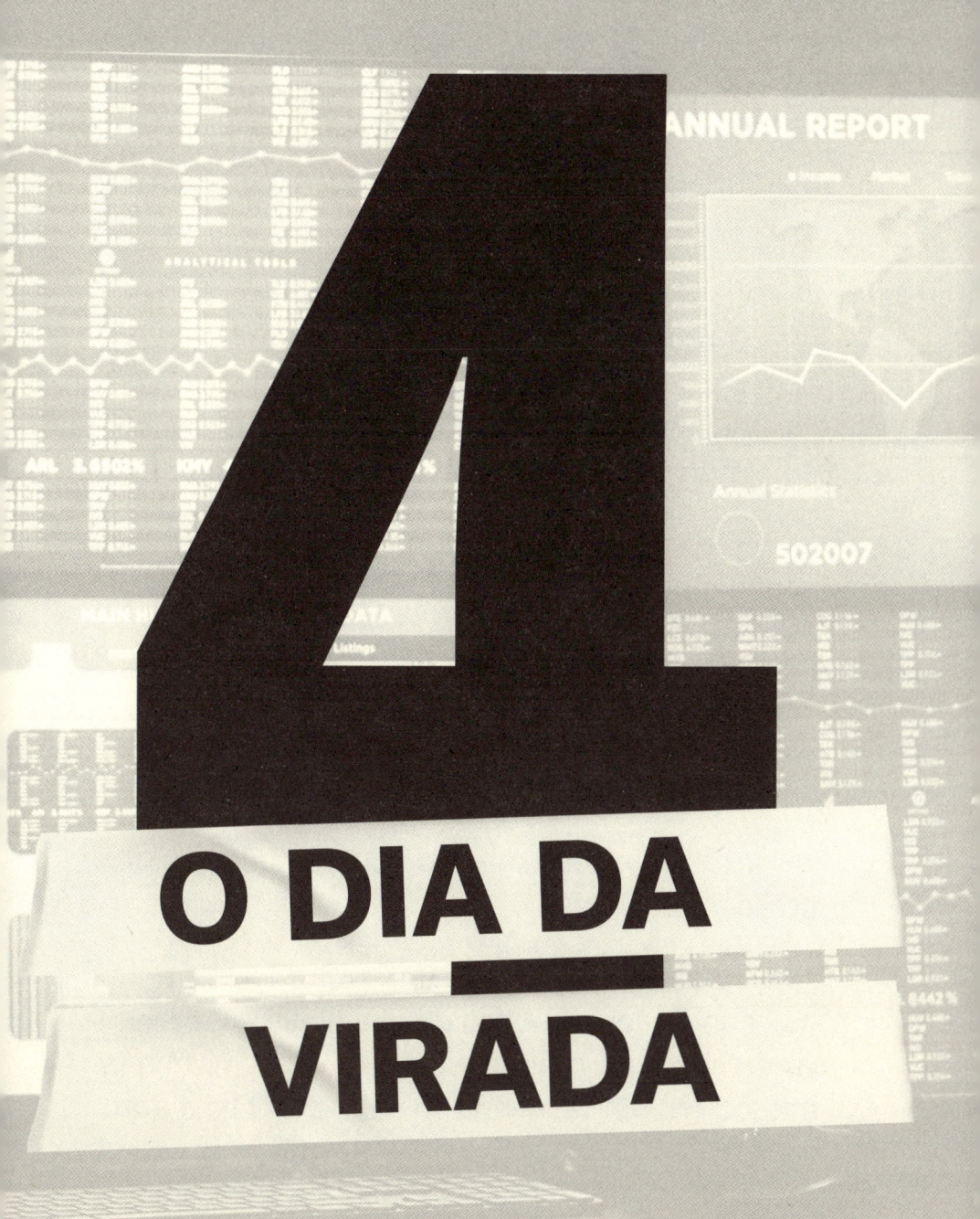

A essa altura, eu já tinha migrado para minha proposta inicial. Estava cumprindo minha missão de viver compartilhando meu conhecimento. Sabia viver de trade e queria ensinar as pessoas.

Eu passaria de trader para professor e precisava provar para todo mundo que eu seria um bom cara, alguém que passava segurança. Meus concorrentes não eram mais o mercado: eram os outros professores do mercado.

E no meu primeiro lançamento vendi um pouco mais de R$ 600 mil. Pouquíssimas pessoas tinham feito aquele valor tão alto, em tão pouco tempo dentro de uma empresa daquele porte.

Era o lançamento de um curso. Ali eu ensinava sobre trade.

Mas deixa eu contar o que aconteceu antes dessa virada.

Eu ensinava tudo que tinha aprendido e tinha que convencer o público de que o que eu ensinava era bom para as pessoas comprarem. Minha missão era deixar minha sala de chat cheia para vender.

Eu precisava acompanhar quem fazia aquilo que eu fazia e tentava ser o melhor naquilo. E aí comecei a fazer vídeos pelas manhãs, com óculos escuros, fazer flexões na frente da tela. Mostrar o trade de uma forma mais leve — o objetivo era trazer uma leveza ao mercado financeiro. Só que, naquele dia, uma grande reviravolta aconteceria.

Olhando sob uma nova perspectiva, consigo perceber como tudo se desenrolou. Era 17 de maio de 2017. O dia parecia comum, até que um evento incomum movimentou a Bolsa. Era um áudio que instalava um clima de caos. A data causaria tamanho impacto nos mercados que receberia o nome de Joesley Day.

Joesley Batista gravou um áudio numa época em que o Brasil vivia uma transição entre uma agenda econômica do governo Dilma e a agenda de Temer, que assumira a presidência do Brasil logo após o impeachment.

O Brasil havia passado pela maior recessão das últimas décadas, os indicadores econômicos eram preocupantes e a inflação, crescente. O desemprego aumentava, e o PIB caía. Era um dos piores cenários que uma economia poderia enfrentar.

O presidente Temer tinha atraído a atenção dos investidores dentro deste contexto e propunha reduzir gastos públicos. No mercado financeiro, as propostas eram muito bem recebidas e o Congresso se preparava para a votação de uma reforma.

Esse era o cenário quando o tal áudio foi divulgado.

Investigado na operação Lava Jato, Joesley gravou uma conversa com o então presidente Michel Temer no Palácio do Planalto e o conteúdo foi divulgado pela imprensa na noite daquela quarta-feira de maio. O áudio fazia parte de uma delação premiada acordada entre Joesley e a Procuradoria-Geral da República (PGR) para reduzir a pena do empresário. A reação do mercado financeiro foi imediata, como costuma ser em momentos de caos.

A incerteza trouxe pânico e ninguém sabia qual seria o impacto real do áudio sobre Temer e seu governo, e parte dos investidores decidiu se desfazer de suas posições, temerosos pelo futuro.

"Será que Temer termina o mandato? Existe a chance de impeachment? Ele pode renunciar? O que acontece se ele for investigado? Como fica a articulação no Congresso?" eram as perguntas-chave.

Só que, enquanto todos os analistas gravavam que as pessoas deveriam vender tudo, gravei um vídeo ao contrário. Remando contra a maré.

"Pessoal, não é para ninguém sair de nada. O Brasil não acabou. As empresas continuam nos seus lucros normalmente. O Brasil não entrou em greve. Amanhã não adianta vender quando abrir. Vai cair, mas uma hora volta e pode ser no mesmo dia."

Neste dia, as lives estavam cheias e o volume de operações era grande. Minha live bateu o pico de 1.100 pessoas. E na live falei: "não vendam nada". No mesmo dia, grande parte das ações que abriram lá embaixo fecharam o dia lá em cima e esse dia foi uma virada de chave, porque todo mundo ficou bravo com os analistas que mandaram vender e depois ficou no prejuízo; fiz o contrário, e meus alunos tiveram um lucro enorme no dia.

O índice chegou a cair -10,47% no dia, o que atingiu o primeiro *circuit breaker*[2] da Bolsa desde a crise de 2008. No fim do dia, o tombo foi de -8,8%, a maior queda em um único dia desde outubro de 2008. Já o dólar disparou mais de 8%, com a fuga de capital estrangeiro do país diante da turbulência política. Mas, quem me ouviu se deu bem. E a minha credibilidade aumentou num dia de intensa crise.

Foi o dia da virada, porque, embora todo mundo compartilhasse da mesma opinião, tive uma opinião diferente da de todos e a sustentei até o fim, e isso fez com que eu ganhasse confiança no mercado. Essa foi a virada. A pergunta que te faço é a seguinte: você está seguro para dar sua opinião, mesmo que ela seja contrária à de todos?

---

2 O *circuit breaker* é um procedimento operacional da Bolsa de Valores que interrompe a negociação de ativos. Ele é acionado somente em momentos atípicos de mercado, como durante uma forte queda de preços, baseada na oscilação do Ibovespa, o principal índice de ações do mercado brasileiro. Durante o acionamento do *circuit breaker*, não é possível realizar compras ou vendas de ativos na Bolsa de Valores.

Um grande ensinamento desse dia da virada é que a exposição ao risco exige frieza. Temos que ter paciência no dia a dia, mesmo diante de solavancos inesperados.

Quando existem imprevistos externos — e eles sempre vão existir —, não dá pra agir no meio do pânico. É preciso perceber que, ao mesmo tempo que o mercado é volátil, existem oportunidades. Nos momentos de crises e incertezas, surgem oportunidades, porque muitos desavisados se desfazem de suas posições. Por isso, é um processo de amadurecimento observar cada tempestade e seguir em frente com o navio em prumo.

A partir daí, na vida pessoal, eu não só pagava a escola em dia, como me tornava um dos mantenedores da escola. Queria promover uma educação de ponta para os meus filhos e os filhos de quem não podia bancar a escola, como tinha acontecido comigo tempos atrás.

Na religião judaica, dizemos que uma das coisas que mais trazem bênçãos é poder contribuir. Já contribuía de várias formas e me sentia bem com isso. Já tinha contato constantemente com a cúpula da escola dos meus filhos e, num certo dia, enquanto comemorávamos o Ano-Novo judaico, eu fazia as orações e tive uma visão em relação a essa escola.

"Você vai ser chamado para ser presidente", foi a frase que veio à minha cabeça.

Engraçado que sempre fui movido a desafios. E, por mais estranho que pareça, eu queria desafios que soubesse "controlar". Desafios cuja resposta estivesse dentro do meu repertório. E esse não era um deles. Na verdade, eu não via a menor possibilidade de aquilo se concretizar e, mesmo assim, combinei com Deus: "Se eu for chamado, pode contar comigo".

Então, meses depois, conversando com o presidente atual da escola, ouvi a seguinte frase:

"Sabe que mesmo tendo tudo que tenho, financeiramente falando, não sinto vontade de escancarar para todo mundo? Mas quando vejo um aluno da escola passando no vestibular, isso me enche de orgulho. Hoje eu sou movido a isso.".

Fiquei parado, escutando aquelas palavras, e percebi aonde ele queria chegar.

"Eu gostaria de convidá-lo para ser o presidente da escola.".

Acredito que o sobe e desce da Bolsa não oscilou tanto quanto as batidas do meu coração naquele momento. Tive emoções controversas e, ao invés de responder qualquer coisa a ele, disse o que me veio na cabeça naquele instante:

"Há sete anos eu recebi um telefonema seu... não sei se se lembra. Você cobrava as mensalidades que eu devia.".

Ele ficou com o rosto vermelho.

"É um trabalho comunitário. Alguém tem que fazer isso", explicou.

"Eu sei. Não é isso que eu quero dizer", pontuei, "mas olha que interessante. Agora a mesma pessoa me convida a ser presidente da escola.".

Eu pensava nas conquistas. No dia em que tinha sido nomeado o cara com mais vendas em cursos na maior corretora independente do Brasil. No dia em que tinha negado a bolsa para custear a educação dos meus filhos. Nas voltas que o mundo dava. Era uma grande superação.

Pedi um tempo para pensar a respeito e voltei para casa com a mente fritando. Eu sabia como agir numa bifurcação. Existem desafios que me estimulam, existem outros que não sei onde vão dar.

Como investidor, nunca me iludo com o que surge como grande oportunidade. Sempre observo o risco e o retorno que aquilo pode trazer e, dessa forma, percebo como agir em circunstâncias em que a improbabilidade impera.

A ideia que quero propor aqui é sobre a assimetria, que sempre deve estar a seu favor quando existe uma oportunidade em vista.

Seja qual for a proposta, devemos nos questionar qual o benefício que aquilo vai nos trazer. E, se for um investimento, devemos saber o quanto queremos ganhar e até quanto podemos perder. Simples assim. Se o risco for simétrico — ou seja, a perda for igual ao ganho —, sabemos onde estamos pisando. Se for um risco assimétrico, a coisa muda de figura.

O risco assimétrico é quando um dos lados é maior que o outro. Por isso, o lado do ganho tem que ser maior, e não o da perda. Se eu posso perder 100 e ganhar 1000, mesmo que seja no longo prazo, vai valer a pena. Mas, no caso da escola, o ganho é imprevisível, e eu não tinha ideia do que faria no dia a dia. Sei que o perrengue deve ser grande e, se tenho um perrengue grande num desafio que não sei onde ganho, entro numa loteria, numa aleatoriedade desnecessária.

Eu não era o "pai da bolsa", já tinha me tornado um dos mantenedores da escola e, fora dela, tinha uma atuação na Bolsa de Valores que me tornava extremamente relevante no cenário nacional.

Portanto, que decisão tomar, sabendo que as variáveis desse cenário poderiam ser absolutamente improváveis?

Dizem na religião judaica que depois dos 120 anos temos um *flashback* da nossa vida. É ali que assistimos a tudo que fizemos. Nossas obras e fracassos. E sempre existe aquele ponto de inflexão que nos é apresentado da seguinte forma: "Ali você poderia ter um tesouro de bênçãos se assumisse o que foi dado como presente dos céus. E você teria um crescimento exponencial".

E pode ser que nessa hora eu vá me lembrar de alguma proposta que recusei — por medo ou prioridade —, e me arrependa de não ter escolhido o investimento de tempo certo.

A cada decisão que tomamos em nossas vidas, deixamos outras tantas para trás. E como desconhecemos o mundo das probabilidades, nunca temos certeza do que vai acontecer.

Hoje eu sei ler as probabilidades. Estou constantemente comprometido com a elevação da qualidade de vida da minha família e de quem me cerca, e sei que é minha obrigação fazer com que a riqueza se expanda pelo mundo ao meu redor.

Segundo os rabinos, o maior erro da sociedade é tornar as atividades sociais e econômicas num fim em si mesmas. Deveríamos saber dividir nosso tempo. Tempo é dinheiro, mas nem todo tempo deve ser convertido em dinheiro. Compartilho conhecimento e sei que, se não perco com isso, o outro ganha.

A lógica da Bolsa só não conta com um detalhe: nossa missão na Terra nem sempre é a mesma de Warren Buffett, conhecido como "o pai da Bolsa" e um dos homens mais ricos do mundo.

Cabe a cada um de nós avaliar os riscos e ganhos, mas principalmente entender que devemos aceitar a nossa porção — estejamos em baixa ou em alta. Sabendo que a gangorra da vida é mais improvável que a do mundo dos investimentos.

Sabendo que temos sempre que contar com aquilo que aprendemos, conquistamos e que não se perde: a sabedoria, principalmente para tomar decisões.

Decisões podem impactar todas as áreas de nossas vidas. Sempre impactam. Cabe a você analisar se é capaz de lidar com as perdas e ganhos que podem estar ao seu dispor.

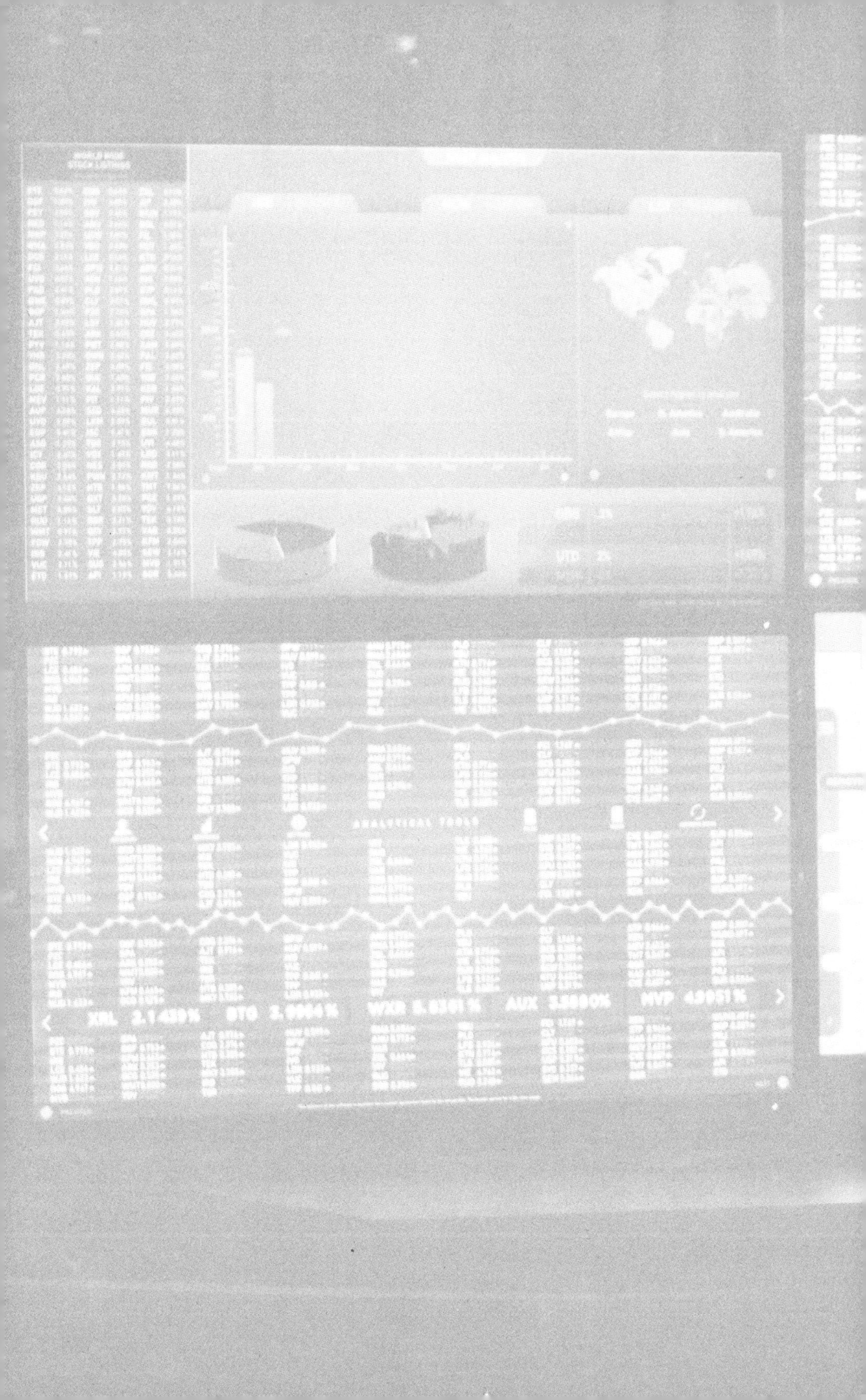
ANALYTICAL TOOLS
XRL
WXR
AUX
MVP

5
IMPREVISÍVEL

Era maio de 2013.

Eu tinha entrado com tudo numa operação no trade e, quando percebi, tinha ganhado R$ 24 mil em um dia.

A operação tinha sido linda. Eu me sentia como aquele sujeito que salvou a vida de uma família no meio de uma guerra. Meu peito estufou, mal cabia dentro de mim. E a primeira coisa que pensei em fazer foi contar a façanha para o meu pai. Se tem coisa que a gente gosta de fazer quando se dá bem na vida é levar aquela boa nova para quem está ali torcendo sempre.

Além disso, eu queria ganhar a admiração dele. Não tinha jeito melhor.

Ganhar uma grande quantia numa operação era como se eu tivesse decifrado o enigma da esfinge. Não tinha dado nada errado.

Peguei o telefone, soltei a respiração e ele atendeu do outro lado da linha enquanto eu contava num fôlego só o que tinha acontecido.

Ele estava mudo, ouviu com paciência a história e, depois que consegui parar de falar, achando que tinha descoberto como se ganha dinheiro no mercado, fazendo planos e sonhando mais do que nunca, ele disse que agora eu tinha que saber perder. Ou melhor (pior, no caso), me preparar para perder.

Não ignorei aquele conselho sensato, mas cheguei no dia seguinte com a força de um leão que tinha acabado de sair de uma jaula, esfomeado.

O excesso de confiança, a vontade de dobrar a meta, o entusiasmo, tudo isso contribuiu para que eu não me desse conta de coisas básicas. E o que aconteceu, justo no dia seguinte, foi que perdi R$ 22 mil. Assim, como quem perde um dente de leite aos 7 anos de vida, sem aviso.

Em geral, isso acontece por causa do excesso de confiança. Mas eu nem sonhava que ia acontecer ali, comigo, justo no dia seguinte de uma grande conquista.

O fato é que o mercado é muito volátil e existem algumas aptidões adquiridas para que possamos atuar bem com ele. E não pense que essa volatilidade conta contra você. A volatilidade está do seu lado. Como dizem por aí: VOL é vida; e eu concordo. Só se ganha dinheiro com volatilidade. Se sobe ou desce. Se está parado, não se ganha nada.

Na vida é assim; pode parar para perceber.

Só que a volatilidade pode ser usada a seu favor ou contra você. Você ganha muito dinheiro, mas tem a possibilidade de devolver todo o dinheiro para o mercado no dia seguinte, como aconteceu comigo lá no começo da minha carreira como trader.

Se quem ganha acha que é o cara, o conhecedor dos segredos, ainda não entendeu que o "cara" é aquele que conhece seus próprios limites.

E quando me perguntam "o que é uma pessoa consistente?", respondo com toda convicção: não é aquela que ganha dinheiro. Porque nesse mercado se perde e se ganha o tempo todo. Por isso, o trader deve estar preparado para a adversidade — ou para o momento em que ele está perdendo —, porque pouca gente consegue ter sangue frio nesses momentos ou até mesmo ouvir o bom e velho conselho do pai.

> O bom trader deve estar preparado para o momento de ganho, mas principalmente para o de perda. Por incrível que pareça, os maiores ganhos que tive foram depois das maiores perdas e antes que me pergunte o porquê, te explico: sabe quando sua única alternativa é recuperar o dinheiro perdido?

Desse jeito, aprendi a me expor mais, até que o mercado pudesse estar a meu favor. Eu já tinha perdido, então, precisava agir, senão não ia recuperar aquilo nunca. Ao mesmo tempo, as maiores perdas também foram depois dos maiores ganhos.

Existem erros clássicos de quem ganha muito dinheiro e depois perde tudo. Estas mesmas pessoas conseguem reerguer um império novamente e falir outra vez. Isso acontece com todo mundo todos os dias. O mercado é cíclico. E isso não tem como combater. Então, como agir contra a minha impulsividade? Como segurar a onda se posso perder minha autoconfiança exacerbada depois de uma vitória? O que me determina o máximo que posso perder é o plano que fiz ou o gerenciamento de risco. No meu plano, sei que naquele dia posso ganhar 100 e perder no máximo 50.

O problema é que o ser humano é orgulhoso e não aceita sair derrotado. Uma coisa é quando você é obrigado a sair do ringue, porque o juiz te manda pra fora. Outra coisa é quando você diz "eu perdi, sei que não deveria continuar operando, mas a linha tênue está em apertar o botão do mouse para vender de novo. E eu não vou aceitar desaforo do mercado". E quem não aceita desaforo do mercado é jogado mais longe ainda para fora do mercado. Essa é a lei e, se você não a entender, vai perder cada vez mais.

É para parar de operar, você não para. A guerra contra o mercado é ridícula. Não tem como comprar, achar que se está certo e que o mercado está errado. Não existe isso. Mas existe proteção contra si mesmo. E, pra fazer isso, usamos o dólar futuro.

Então, agora vou explicar o que são mini-contratos e deixar claro que são frações dos contratos grandes. Os mais conhecidos são os contratos financeiros de dólar e índice futuro.

O dólar futuro é uma expectativa da moeda norte-americana. O bom e velho dólar. Se hoje o dólar que compramos está valendo R$ 5 cada, para se ter um dólar é preciso ter cinco reais (hipoteticamente). Suponhamos que você vá viajar e já pagou o hotel. A reserva foi de US$ 5 mil. Você reservou, mas sabe que se chegar lá e o valor do dólar subir, pode pagar mais no valor em reais.

Então, quando uma empresa tem uma negociação de dólar muito grande, ela compra o dólar futuro na bolsa, porque se o dólar subir, ela segue protegida. Deu pra sacar?

Você pega esse dinheiro que ganhou — se comprou barato e vendeu caro — e paga a diferença de valores na fatura do cartão de crédito, por exemplo. Então, o contrato futuro serve para se proteger de oscilações indesejadas, o que chamamos de *hedge* (proteção ou cerca).

Hoje posso ter uma meta de ganho de R$ 100 ou perder, no máximo, R$ 50.

No mercado, existem dois tipos de personagem quando falamos de minicontratos: aqueles que precisam dos minicontratos (empresas grandes que estão contraindo uma dívida para poder se proteger) e os especuladores, que são os traders. Se sei que vai ter uma situação qualquer, uma iminência de guerra, por exemplo, o mundo fica totalmente instável, e a instabilidade traz medo. Você não sabe o que vai acontecer. E isso, para o mercado financeiro, provoca queda nas bolsas. Essas quedas podem trazer uma alta do dólar, porque essa moeda é conhecida como porto seguro do mundo. Logo, enquanto alguns precisam se fortalecer com o dólar para poder pagar os contratos que têm, os especuladores e traders sabem que já que está acontecendo isso, compram dólar e ganham dinheiro.

Parece simples, mas o simples nem sempre é fácil de ser feito. É como viver o hoje. Você acha que vive, mas está cheio de planos e aborrecimentos para o dia de amanhã que você não pode controlar.

Para o day trader vale o hoje. Não importa se o dólar vai subir ou cair amanhã. É a fração de segundos, minutos ou horas que faz a diferença no mês do cara. Se ele está ganhando ou perdendo de acordo com a movimentação do dólar e do índice futuro.

Só que nem tudo são flores. Nem pra mim, que lido com o dia a dia. Dias de fúria podem acontecer até com mentes preparadas. O "dia de fúria" é aquele que ficou marcado na história do cinema, mas também na vida de quem ultrapassou seus limites intelectuais e mentais. É aquele dia que você não aceita ficar por baixo. E uma negativa qualquer pode desestruturar tudo. Quem ultrapassa esse limite entra num nível e estado em que perde o controle total do que está fazendo. Na prática, esse sujeito fica apertando botão para comprar e vender na torcida de que esteja fazendo o certo, mas, quando parar, não vai saber por que estava apertando para comprar e vender. Eu passei por isso.

Estava numa festa de um amigo do meu filho, esperando as crianças brincarem. Peguei o celular e fui operar. Tinha R$ 25 mil na conta. Entrei, a operação foi a meu favor e por um detalhezinho não bateu no meu ganho. Era um objetivo de R$ 1 mil.

Quando começou a voltar, o que eu fiz? O correto seria eu sair da operação. Fui tentar sair da operação, estava pelo celular e não consegui sair. E meu saldo começou a ficar negativo. Estava ganhando quase mil. Era para eu sair no ponto de entrada e começou a ficar negativo. Então, o que eu fiz? Em vez de sair da operação com uma perda pequena, aumentei minha mão. Dobrei a quantidade de contratos com que eu estava, aumentando a quantidade num preço pior do que já estava. E, conforme aumentei a quantidade, foi caindo mais e chegou uma hora que eu estava perdendo mais de R$ 5 mil. A "sorte" é que a corretora me zerou. Quebrei a conta.

O ego leva ao dia de fúria. No dia a dia isso também acontece. O dia de fúria é o dia em que a pessoa tem um viés que deixa a emoção ultrapassar tudo. Criar hábitos em que você consiga ter disciplina pode ser vital para conseguir trazê-la para a sua vida de trader, mas você tem que conseguir fazer isso na vida pessoal.

Como evitar um dia de fúria? Em qualquer área da vida, um dia de fúria precisa ser investigado. Os gatilhos para cair nas armadilhas são muitos. Se sou alguém que sai da dieta facilmente, evito as situações que me tragam gatilhos para que aquilo aconteça. Se tenho a tentação de operar quando estou perdendo para tentar reverter aquilo, é só não deixar muito dinheiro na conta.

Naquela tarde de aniversário, só perdi R$ 25 mil, mas sabia que, se eu tivesse R$ 100 mil, eu teria perdido R$ 100 mil. Se você sabe que não consegue perder, não pode deixar esse dinheiro num acesso fácil. Saca o dinheiro. O dinheiro que você perdeu nunca será devolvido.

Um trader vencedor tem características peculiares a serem desenvolvidas. Em geral são: resiliência, determinação, segurança, foco e disciplina. E é preciso se lembrar de tudo isso antes de entrar no mercado. É como reunir sua melhor lembrança do dia que foi mais determinado e conseguir aquele estado de espírito a seu favor.

Gosto de dar o exemplo da coragem de uma vez que estava numa lanchonete, e um sujeito entrou e gritou que era um assalto. Eu estava com meus filhos que, na época, eram bem pequenos e totalmente despreparados para aquela situação adversa. Sem saber o que fazer, travei. Era a primeira vez que passava por algo do gênero. Mas o sujeito era um bêbado que queria brincar e logo gritou: "É brincadeira, seus otários!".

Ao mesmo tempo que fiquei aliviado com sua saída, repudiei aquela atitude com todas as minhas forças. Era adrenalina correndo na veia para salvar meus filhos caso acontecesse novamente.

Então, ele entrou mais uma vez na lanchonete. Foi em direção ao meu filho, cambaleante, mas, naquele momento, quem estava preparado era eu. Interrompi sua ação de mexer com meu filho e ele se assustou. Eu não estava mais sendo pego de surpresa e ele não estava preparado para a minha reação. O segurança o levou até a porta, e entendi que, naquele dia, me muni de uma força e coragem abissal que me levaria a qualquer ato para proteger meus filhos.

Se tem algum momento em que você teve coragem, lembre-se desse momento.

Se já foi focado ou disciplinado uma vez na vida, pegue esse dia, lembre-se dele e de todos os detalhes, entre nesse estado de disciplina e entre no mercado. Use esse estado a seu favor.

Nunca se esqueça de que o medo está ligado à insegurança e falta de conhecimento. Vencer o medo é começar e agir. Quando começamos a agir, entramos num estado de segurança.

Meu pai falava muito algo que vejo constantemente: o mercado é 80% emocional e 20% racional. Mas deveria ser o contrário, e isso é um fato incontestável.

O day trade é uma especulação, não uma aposta. É uma técnica. Um negócio. Um negócio com todas as características de um negócio. Se conseguir entender isso e não botar a ferro e fogo, vai saber enfrentar os ganhos e perdas. Faça bem-feito o que depende de você.

Se o mercado é uma especulação que sobe no boato e cai no fato, entenda que dar o seu melhor é ser estrategicamente estável dentro de um mercado instável. Nem sempre o mercado reage da forma que você acha que vai reagir.

É mais ou menos como um bêbado dentro de uma lanchonete com fome depois do Carnaval. Totalmente imprevisível.

> **UM TRADER VENCEDOR TEM CARACTERÍSTICAS PECULIARES A SEREM DESENVOLVIDAS. EM GERAL SÃO: RESILIÊNCIA, DETERMINAÇÃO, SEGURANÇA, FOCO E DISCIPLINA.**

@rodrigocohenoficial

6

A FORÇA NO MEIO DO CAOS

Certa vez, Rabi Akiva[3] partiu para uma longa viagem. Levou consigo um burro, um galo e uma vela. O burro, para que pudesse montar quando estivesse cansado e para transportar sua bagagem; o galo, para que pudesse acordá-lo com seu canto; e a vela, para que, ao anoitecer, pudesse estudar a Torá com a luz de sua chama.

Rabi Akiva levantou-se muito cedo, recitou as preces matinais e seguiu seu caminho. Viajou o dia todo e, ao cair da noite e surgirem as trevas, chegou a uma cidadezinha onde queria pernoitar. Mas não havia pensão no local e, quando Rabi Akiva perguntou se poderia dormir na casa de alguém, disseram-lhe: "Não temos lugar. Siga viagem!".

Rabi Akiva demorou-se na rua, na escuridão e ao relento, porém, ninguém o convidou para entrar. Apesar disso, falou: "Tudo que Hashem[4] faz é para o bem".

Rabi Akiva não quis permanecer numa cidade como esta, habitada por pessoas tão más

---

3 É considerado um dos maiores sábios rabínicos da história do judaísmo.
4 Em português, significa "O Nome". No judaísmo, com frequência, é usado para se referir a Deus.

que não praticavam a hospitalidade, e dirigiu-se para o campo. Ali, escolheu um lugar sob uma árvore, acendeu a vela, alimentou o burro e o galo; depois, sentou-se para estudar a Torá até esquecer completamente que estava sozinho num campo, na escuridão da noite.

De repente, Rabi Akiva escutou um terrível rugido; logo em seguida, viu um imenso leão sair da mata próxima e devorar o burro. Rabi Akiva ainda estava perplexo, quando, de repente, um gato apareceu e comeu o galo. E, antes que ele tivesse chance de salvar o galo das garras do gato, uma rajada súbita de vento apagou a vela, deixando-o na mais completa escuridão.

Rabi Akiva ficou sem o burro, sem o galo e sem a vela. Mas, mesmo assim, disse: "Tudo o que Hashem faz é para o bem".

Naquele momento, ouviu um grande tumulto e gritos vindos da cidade. O que estaria acontecendo lá?

Inimigos atacaram a cidade e levaram todos os habitantes como prisioneiros. Passaram pelo campo onde Rabi Akiva estava, mas, devido à escuridão, não puderam vê-lo e, assim, sua vida foi poupada.

Rabi Akiva disse: "Agora todos reconheceram que tudo que Hashem faz é para o bem. Se o leão não tivesse devorado o burro, este teria zurrado; se o gato não tivesse comido o galo, este teria cantado; e se o vento não tivesse apagado a vela, ela teria iluminado a escuridão, então os soldados teriam me encontrado e me levado como prisioneiro também".

Rabi Akiva agradeceu a Hashem por ter salvado sua vida e seguiu seu caminho em paz.

Essa história sempre me acompanhou, trazendo reflexões importantes sobre a fé.

Durante a minha trajetória profissional, cheguei à conclusão de que a raiz de todo sofrimento humano é a falta de emuná, a fé pura e inabalável.

Em muitas ocasiões, fui testemunha de como pessoas superaram problemas pessoais insuperáveis pelo fortalecimento da fé. A fé ajuda em momentos de estresse, desespero, garantindo paz interior.

E vivemos num mundo repleto de questões que nos assombram dia e noite, tais como "qual o significado da vida?" ou "para onde estou indo?". Quando tive minhas questões existenciais, orei muito para encontrar respostas. Não sabia como deveria viver minha vida.

Hoje, observando as pessoas que chegam até mim com problemas de todas as ordens, percebo como a lista interminável de dificuldades nos deixa à mercê de tudo. Uns se deixam conduzir pela vida com suavidade, mas outros passam sofrimentos que não os abandonam. Mais ou menos como os altos e baixos do trade.

Vejo que as pessoas ficam encantadas com os dias — uns tão bons, outros tão desastrosos — e não entendem que surfar por esses dias bons e ruins é uma arte. Sem qualquer razão aparente, teremos nossos dias ruins. Dias de dor e sofrimento. Dias com e sem dinheiro. Dias com gastos inesperados e outros com abundância.

A vida segue dessa forma, mas a resposta para todos os problemas, pelo menos para mim, sempre foi o fortalecimento da fé, principalmente diante dos dias de sofrimento. O que deve nos mover é sempre a fé. E a resposta de todas as questões da vida, a chave-mestra para nossos dilemas é a emuná.

Não é fácil falar sobre fé quando os valores das pessoas estão tão voltados para as coisas materiais. De acordo com a Cabala, pensamento místico judaico, para completarmos a retificação da alma, ou *ticun nefesh* — meditação cabalística —, precisamos muitas vezes sofrer ou passar por dificuldades.

Conforme desenvolvemos nosso senso de emuná, trilhamos um novo caminho, da fé que nos fortalece diante dos obstáculos. Dessa forma, as peças de um quebra-cabeça começam a se formar e começamos a ter clareza de tudo. Passamos a entender os maiores dilemas da vida.

Você já deve ter visto um atleta de ponta treinar. Ele chega no limite da exaustão para conseguir seguir adiante. E consegue superar a si mesmo. Muitas vezes estes limites são impostos pela Providência Divina que nos transforma e ignoramos as mensagens que chegam até nós. Só que, sem a fé, o propósito de vida é pequeno. Podemos realizar pequenos sonhos, mas não aproveitamos os resultados por muito tempo.

Como dizem os sábios, "a última parada do trem para todos nós é o cemitério". E não vale a pena viver dias sem paz.

Quando me questionam como consigo ter resiliência diante do caos da vida, respiro fundo e digo que a emuná me fortalece. Entendo que o mundo à minha volta não é feito só de dinheiro. Entendo que existe uma força poderosa que me move, me permite superar tudo com êxito e me traz tranquilidade quando tudo lá fora parece uma grande turbulência.

Quando passamos por períodos de instabilidade, colapsos nervosos podem tomar conta depois de dias de desespero, porque a vida se torna amarga sem esperança. É como ter os dois pés dentro de uma cova, como morrer em vida.

Mas existe uma solução. Por mais que tudo pareça obscuro, jamais perca a esperança. Todos nós temos a possibilidade de encontrar essa paz interior. E aplicar esse conceito é como aquela história do menino que está dentro de um avião em turbulência, quase em queda e, enquanto todos gritam, ele permanece estável. Até que o avião volta ao seu curso normal e todos ficam abismados com tamanha calma do menino durante o acontecido. Ao perguntarem a ele o que acontece, ele responde: "meu pai é o piloto".

Nosso Pai é o piloto, por mais que os dias sejam de queda, que tenhamos altos e baixos. Fortalecer a emuná é mais do que ter fé na vida. É ter uma fé que não te deixa cair quando tudo parece ruir. É o que te torna forte quando o caos lá fora parece irreversível.

Ter fé é mais do que algo ligado à religião. É saber que se pode entender a vida de um âmbito mais amplo. É não se importar tanto com coisas rotineiras que tentam nos tirar do centro. É ser movido por algo maior. E ser carregado por essa força indestrutível.

NÃO É FÁCIL FALAR **SOBRE FÉ** QUANDO OS VALORES **DAS PESSOAS** ESTÃO VOLTADOS PARA **COISAS MATERIAIS**

@rodrigocohenoficial

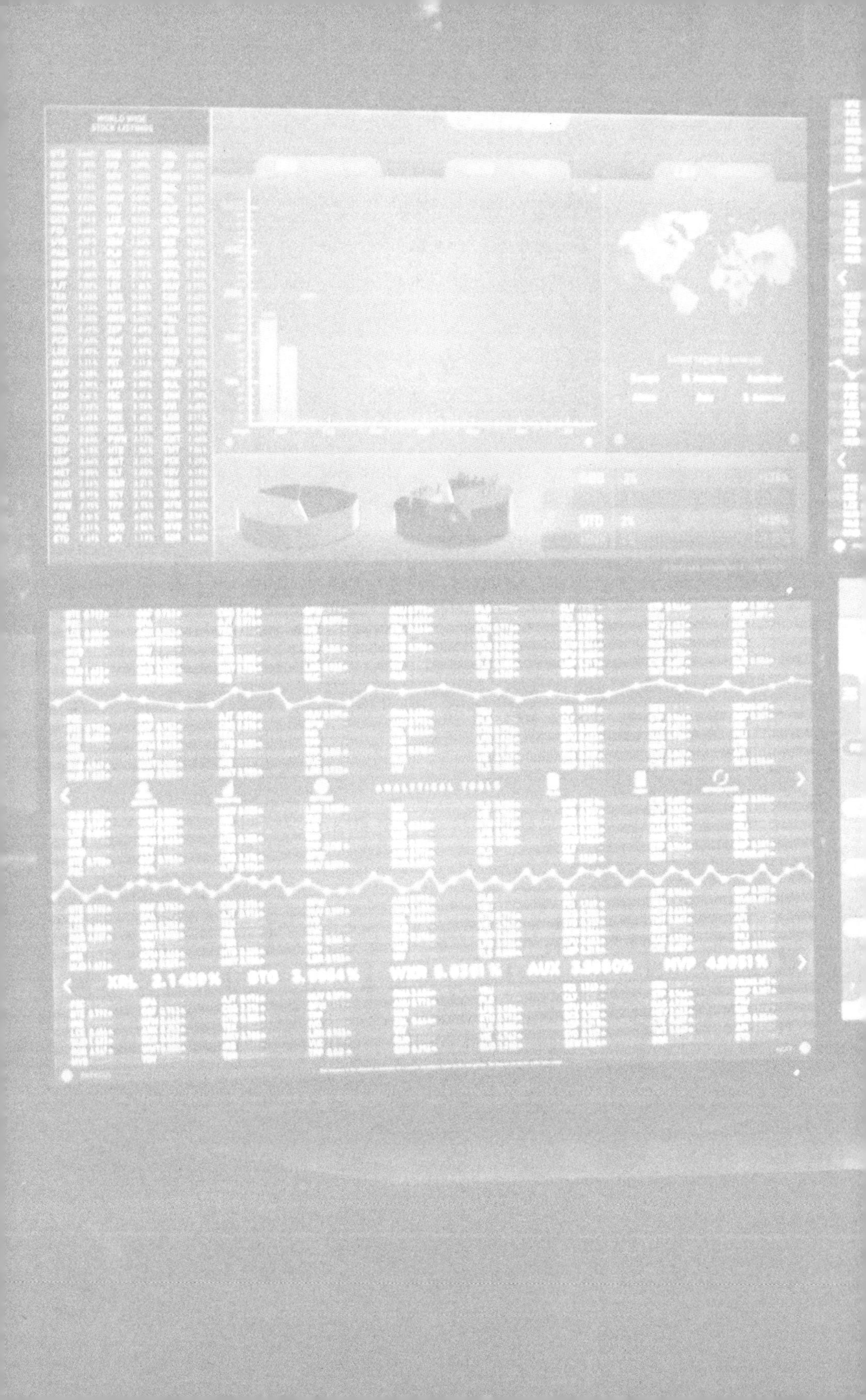
ANALYTICAL TOOLS

7
A VIDA NÃO TEM SIMULADOR

Imagine que a sua família está prestes a fazer uma viagem internacional e na sala de embarque te trazem uma opção: você pode escolher o piloto que vai levar a aeronave ao destino final. Só que, quando faz as entrevistas, percebe que nenhum dos dois jamais tirou o avião do chão. Enquanto um tem certo preparo emocional, mas não fez simulações de voo, o outro tem um ano de simulações que preveem exatamente como seria a tal viagem, mas você nem imagina como ele reagiria num evento real. Para qual dos dois você confiaria a sua família?

Claro que essa hipótese é absurda, já que, para se levar passageiros, é necessário ter milhares de horas de voo, mas a verdade é que a vida não tem simulador. Digo isso por experiência própria.

As pessoas me procuram constantemente para saber "como se ganha dinheiro". E eu procuro não ensinar apenas isso, porque o meu maior ativo é conseguir transitar entre negócios, vida pessoal, equilíbrio emocional e tempo de qualidade para a família. Perder e ganhar sem perder a cabeça.

Não foi fácil chegar aonde cheguei. Em todos os níveis. Para isso, precisei fazer escolhas e evoluir em algumas decisões.

Muitas pessoas acreditam que mudar de opinião sobre algo é incoerência. Eu acredito que é burrice permanecer com uma opinião, quando tudo indica que é melhor caminhar para outro lado. O caso da simulação está diretamente relacionado com isso.

Digo isso porque, no começo da minha carreira, eu indicava aos meus alunos que simulassem o dia a dia no trade numa conta demo durante um ano antes de começar a operar. Só desta forma eu acreditava que teriam preparo técnico para operar de verdade. Hoje, tenho uma opinião totalmente diferente. Acredito que sim, todos devem aprender antes de começar, mas a prática traz resultado. A simulação só ensina a técnica. E isso funciona para tudo.

Um cara com R$ 2 mil na conta chega hoje para mim e pergunta: "Vale a pena pegar esse dinheiro e comprar um curso para aprender a investir ou pegar esse dinheiro e tentar operar sozinho na bolsa para aprender o que fazer?".

Nem penso duas vezes.

Prefiro comprar um curso e trabalhar depois para recuperar aquele dinheiro, e também ter a oportunidade de simular como seria investir. Mas não ficar apenas na teoria. Ou seja: simular tem sempre dois lados. Não dá pra entrar na jogada sem nenhuma simulação (como no hipotético exemplo do piloto) e nem sair confiante só porque ficou um ano no simulador.

No meu mercado, saber que existe um simulador pode tornar mais fácil lidar com o medo, mas não quer dizer que o fato de você usar um simulador vai torná-lo um trader profissional. Assim como um piloto que vive simulando horas de voo pode estar emocionalmente instável durante uma tempestade e meter os pés pelas mãos. Essa comparação fica mais difícil sabendo que hoje as aeronaves contam com piloto automático, que exige menos esforço dos profissionais, mas a simulação salva vidas.

Veja o caso do piloto Antônio Sena, que sobreviveu a um acidente aéreo porque, a cada minuto da queda, se lembrava exatamente o que fazer, já que tivera simulações extremamente parecidas com o que acontecia. Sem controle da aeronave, conseguiu equilibrar a descida e, mesmo com ela presa nas árvores da Amazônia, saiu inteiro alguns segundos antes da explosão. Hoje, quando revive mentalmente aquela cena, sabe que só teve autocontrole suficiente porque fez muitas horas na simulação de voos em situações arriscadas como aquela. Mesmo que tenha ficado desaparecido durante trinta e seis dias na Amazônia, enquanto a equipe de buscas continuava procurando o piloto, seus familiares diziam: "O Antônio não morreu. Ele era viciado em simular situações de risco".

Acontece que nem sempre o fato de você ser perito na simulação quer dizer que vai se sair tão bem quando a situação efetivamente acontecer. Lembra os simulados antes do vestibular? Eles trazem uma ideia do que vem pela frente, mas não substituem a dor de barriga e o nervosismo do dia D. O branco, o medo, as situações que te tiram do sério, situações que só saem do porão do subconsciente na hora da prova.

Na vida, mesmo que sejamos bons em simular situações, a prática é que vai dizer se teremos jogo de cintura para lidar com o que precisamos levar adiante.

Se um trader chega para simular uma operação que não existiria na realidade e sabe que aquilo é apenas uma simulação em que não se perde dinheiro de verdade, o fator emocional não é o mesmo do que na vida real. Você sabe do que eu estou falando.

Durante seis meses, fiz um processo de simulação com meus alunos. Consegui com a empresa de software que usamos para operar um simulador no qual eu tinha uma conta-mãe e meus alunos tinham contas derivadas. Eu conseguia ver os resultados de todos e eles simulavam situações diariamente. Durante seis meses, fiz um ranking para saber quem eram os melhores e alguns se destacavam todos os meses. Não era um destaque simples. Eram disparadamente os melhores. Chamei dois deles na sala e disse: "Vocês estão muito bons. Podem ir para a conta real". Foi quando ouvi de um deles: "Eu opero na conta real e perco".

Aí entra o fator humano, não tem simulador no mundo que ensine a pessoa a ter um emocional estável. Podemos ser tecnicamente impecáveis e na prática não conseguir operar.

No dia a dia não lidamos só com o mercado. Lidamos com nosso pai introjetado, nossa esposa, nossos filhos, nossos sócios. Com a expectativa social de que tenhamos bons resultados.

Só a prática nos faz ter autonomia emocional para lidar com desafios reais. E posso até ensinar aqui como segurar a onda, mas, só ao lidar com desafios, você vai se fortalecer e conseguir seguir adiante. No *backstage* da mente rola muita coisa. Crenças, autossabotagem e, como diz Stephen Covey, a mente é um jardim que aceita tudo que plantamos nele.

Se temos na vida e no trade — que é uma extensão da vida — coisas que não vão nos ajudar a alcançar o resultado que queremos, temos que tirar aquelas ervas daninhas do pensamento, para ter uma postura vencedora. E isso está relacionado a uma postura interna, não a palavras vazias.

Como você reage ao que acontece a você?

As coisas vão continuar acontecendo dia após dia, mas a maneira como você reage determina tudo.

A técnica é obrigatória, mas se não temos uma mente boa, não adianta ter um método bom. Não tem simulador que resolva sua vida para você. Simples assim.

NÃO TEM SIMULADOR QUE RESOLVA SUA VIDA PARA VOCÊ. SIMPLES ASSIM

@rodrigocohenoficial

8
O CÍRCULO VIRTUOSO

Todos os dias vivenciamos as tensões acumuladas e os conflitos mal resolvidos entre as pessoas. E, a cada dia, percebo que algumas características básicas poderiam auxiliar o ser humano a resolver conflitos. Tanto em reuniões quanto fora delas, noto que falta capacidade de ser assertivo nas palavras. Deixar o ego falar mais alto nas reuniões, deixar as emoções tomarem conta e não saber argumentar são coisas que desestabilizam as relações.

Já vivi situações em que pessoas tentavam me intimidar — mesmo inseguras —, levantando a voz. Pessoas tecnicamente boas no que faziam, mas totalmente instáveis emocionalmente. E, em uma dessas ocasiões, uma dessas pessoas cogitou trabalhar ao meu lado numa liderança de um projeto. Eu estava preparado, e disse o que ninguém tinha coragem de dizer: "eu não acho que você esteja preparado para isso. Da forma como reage às coisas que acontecem com você, explodindo constantemente, não acredito que essa parceria dê certo".

Foi um baque que ele não esperava.

Ele explicou cada uma das vezes que se excedeu, mas continuei achando que não poderia explodir do jeito que explodia. Não era o tipo de ação esperada naquele cargo de liderança. E continuei argumentando da minha maneira, sem me exceder nem faltar com o respeito. Ao ouvir meus argumentos, ele simplesmente disse que não queria mais fazer parte daquele projeto. Tirou o time de campo sem nem colocar as chuteiras.

No mercado de trabalho, o maior problema é que as pessoas não sabem dizer o que querem umas para as outras. Falta capacidade de argumentação e conversas transparentes. E as pessoas não estão dispostas a ouvir o que temos a dizer.

Quando somos assertivos, temos como resolver conflitos ou evitar que eles aconteçam. Mas muitos não conseguem ser assertivos e ficam mesclando "sapos engolidos" e explosões injustificáveis.

Hoje minha sócia, a Carol, é uma das pessoas mais assertivas que conheço. Ela diz o que pensa, da maneira que deve ser dito, e conseguimos resolver qualquer questão, mesmo em discordância. É saudável termos divergências de opiniões. E melhor ainda quando sabemos ouvir uns aos outros.

Apesar disso, hoje vemos líderes emocionalmente instáveis que contaminam a cultura organizacional e acabam com qualquer empresa, deixando rastros de suas explosões emocionais, como bombas numa guerra.

Saber argumentar serve para qualquer ser humano. Num relacionamento, no ambiente de trabalho, na vida. E sempre tive o pé no chão, nunca achei que era mais do que era. Meu pai dizia muito isso para mim. "Você pode ser chefe pelo poder ou pela autoridade. Seja pela autoridade." E, a partir do momento que tenho essa posição, preciso exercer a minha autoridade.

Em hebraico, a palavra "Kavod" significa "glória" e também significa "peso". No judaísmo, fala-se que quando alguém busca o Kavod, o Kavod foge da pessoa, mas quando alguém foge do Kavod, o Kavod corre atrás da pessoa. Ou seja, quando alguém busca a autoridade, aquilo foge. E quando se foge da autoridade, a liderança vai atrás, porque não podemos fugir da nossa missão. Caso façamos isso, a vida fica pesada e sem sentido.

Então, embora eu entre em cena sempre com humildade, quando entro para jogar em qualquer time, não sou bobo. Estou sempre aprendendo, mas meu objetivo é que o negócio seja o melhor de todos. Sem medo de perder espaço para ninguém.

Em todos os meus trabalhos, nunca tive medo. Sempre que era chamado na sala do chefe, eu achava que seria promovido. E isso me deixava livre. Aprendi que quem trabalha com medo não performa bem. O medo limita as pessoas e elas deixam de exercer o dia a dia com o potencial máximo. O medo nos impede de agir. E faz com que tenhamos atitudes mesquinhas e limitadas. Fazendo uma analogia com o mercado, no trade, quando as pessoas agem por medo, não ganham nada.

O ideal é que você não precise do dinheiro que está no trade. Senão, aquela pressão — ou melhor, o medo de perder o pouco que tem — vai te dificultar a ganhar mais dinheiro. O ser humano quando ganha é medroso, quando perde, é corajoso. E isso é péssimo, porque tendemos a ficar no conforto das perdas.

Por qual motivo "vale mais um na mão do que dois voando?". Esse tipo de ditado de escassez que permeia a mentalidade de muita gente é uma toxina que atrapalha as pessoas a agirem. O medo pode nos proteger em alguns aspectos, mas atrapalha nos demais. E ter medo é diferente de ouvir conselhos sensatos.

Quem fala o que você não quer ouvir fala o que você não quer enxergar, mas faz você atingir os objetivos com que tanto sonha.

No geral, as pessoas não querem ouvir aquilo que precisam, e isso destrói carreiras brilhantes. Deixar o ego de lado é difícil. Para um trader, principalmente.

Nas redes sociais, temos o trader de Instagram que só mostra os ganhos, o trader Ostentação, que mostra carro importado. Nunca foi meu perfil. Sempre fui uma pessoa normal da vida real. E estou falando disso porque quero que você observe como anda o seu ego. Será que não está entrando nas batalhas com o simples intuito de ganhar uma discussão ou provar que está certo?

O sábio é aquele que quer aprender com o próximo. Se você deixa seu ego de lado e entende que sempre tem a aprender com o próximo, só tende a crescer.

Comecei a fazer mentoria com alunos há algum tempo e sorteei um aluno com quem discuti em uma live, porque ele não estava conseguindo ganhar dinheiro com o que eu ensinava. Ele foi simples e objetivo: "já fiz o que você ensina e não consigo ganhar dinheiro". Ouvi o que ele tinha dito e na hora eu quis entender mais a realidade dele. Sempre falo e repito que me aposentaria se alguém não conseguisse ganhar dinheiro fazendo trade da forma que ensino.

Durante a nossa mentoria gratuita, conversamos e, nesse momento, aprendi muito. Aprendi, porque estava disposto a ouvir. E muitos de nós perdemos essa capacidade humana. Havia claramente uma dificuldade de comunicação entre nós dois. Uma divergência de opiniões. Como gosto muito de ser desafiado, busquei os pontos que faziam com que ele não conseguisse ganhar dinheiro com o trade. Mas a realidade dele era a seguinte: era motorista de aplicativo, morava com uma namorada e, ao terminar o tal namoro, voltou a morar com os pais. Durante a pandemia, pegou o pouco dinheiro que tinha, investiu num curso meu e começou a aprender a fazer o trade. O fato é que hoje ele opera com muito pouco dinheiro e uma pressão enorme.

Na minha opinião, qualquer pessoa com pouco dinheiro — mesmo sendo a melhor trader do mundo — vai ter dificuldade de ganhar dinheiro. É como se ela fosse usar a gasolina no carro só para aquele dia. Se precisar de mais e virar uma rua, não chega ao destino.

Nessa pressão de precisar ganhar dinheiro, esse aluno entrou em operações que não foram boas. Nessas situações, o erro é certo. Ele perguntou o seguinte: "quero saber como um trader pensa. Você atua pelas suas técnicas ou pelo seu *feeling*?". E respondi que todo ser humano usa o *feeling* porque não somos robôs, mas sempre que usei só o *feeling*, perdi. Porque só usar *feeling*, sem técnica, não adianta nada.

O que quero dizer é que muitas vezes eu posso achar que o mercado vai subir e compro, mas ele cai. Não posso operar pelo achômetro. Preciso ter técnica.

Não é bom colocar a emoção na frente da razão em nenhuma instância. Existem momentos em que é bom usar a emoção? Sim. Mas use a racionalidade para operar e as emoções para comemorar.

Por último, acredito que uma boa capacidade de argumentação é antever os passos que podem acontecer numa conversa potencialmente perigosa e trazer seus argumentos. Meu irmão me ensinou isso com anos de conversas.

Muitas pessoas chegam despreparadas para conversas e eventos difíceis. E, sabendo que temos conversas difíceis o tempo todo, com sócios, amigos e pessoas, se preparar antecipadamente é como ter a mentalidade certa.

É preciso saber argumentar e construir seus argumentos. Mas, para isso, é necessário saber ouvir. Ouvir é a capacidade de o ser humano se comunicar consigo mesmo e com Deus.

Ninguém está disposto a desarmar uma bomba por dia.

> "NO MERCADO DE TRABALHO, O MAIOR PROBLEMA É QUE AS PESSOAS NÃO SABEM DIZER O QUE QUEREM UMAS PARA AS OUTRAS. FALTAM CAPACIDADE DE ARGUMENTAÇÃO E CONVERSAS TRANSPARENTES. E AS PESSOAS NÃO ESTÃO DISPOSTAS A OUVIR O QUE TEMOS A DIZER."

@rodrigocohenoficial

9
A POTÊNCIA
DE CRESCER

Nem sempre conseguimos transmitir como chegamos aonde chegamos. Cada um tem seu caminho, sua estrada e suas dificuldades, mas posso compartilhar como me apropriei do meu processo, que nem sempre foi passivo. Aliás, a passividade nunca contribuiu para que ninguém chegasse a lugar algum.

Se você está com este livro, lendo cada linha e buscando uma fórmula mágica, esqueça. O trabalho é interno, dentro da sua mente e com você mesmo. Talvez você possa até se inspirar com a minha história, ver o que me moveu e fez com que eu chegasse aonde cheguei, mas não posso caminhar por você, nem levá-lo comigo.

Hoje sou sócio de uma corretora e aproveito minha independência financeira, geográfica e de tempo. E só sou independente porque sempre busquei minha liberdade de ser e todos os meus gestos e ações seguiram nessa direção, desde que me conheço por gente.

É espontâneo ser empreendedor. Não faço esforço. E isso quer dizer que muitas pessoas não chegam em lugar algum como empreendedoras porque não estão preparadas para tomar a vida pelas próprias mãos e guiar outras pessoas em determinada direção.

Quem nasceu para ser CLT nunca vai ser empreendedor. E isso não é ruim. Eu já tive carteira assinada dentro de uma empresa e aprendi o funcionamento dela para entender que ritmo ia impor para minha vida. Dessa forma, estabeleci metas que mudaram as configurações do meu mundo interno. Dando cada passo sozinho.

Fazer com que a vida aconteça sem que sejamos meros leitores é algo que precisamos aprender com o caminho. Para mim pode ter sido mais fácil porque minha família traz uma herança empreendedora e isso não tem nada a ver com dinheiro — tem a ver com valores de vida.

Meu pai foi amigo de rua do Silvio Santos desde cedo. Os dois têm origem bem humilde e ambos eram comerciantes. A veia do meu pai era empreendedora, ele não tinha pudor em ganhar e perder. Simplesmente trabalhava e transformava sua realidade todos os dias. Era um cara que trabalhava desde os 11 anos de idade. Era entregador de jornal, consertava bicicleta, não pensava em delegar a alguém a responsabilidade de ganhar dinheiro. Da mesma maneira, meus irmãos trabalham desde cedo e meu pai sempre teve esse discurso de que para ganhar dinheiro precisava gerar.

Ganhei forças internas ouvindo esse pai falar e desenvolvi minha imunidade diante da vida conforme fui crescendo e lidando com meu mundo interno e observando as suas demandas. Essa imunidade corresponde às forças internas que cada um desenvolve para ser estável independentemente do que acontece lá fora.

As demandas atuais são muitas. E quem não anseia por autoconhecimento e não se conhece não sai do lugar, porque se desestabiliza diante de qualquer bifurcação.

Essa cultura familiar de ter "o próprio negócio" fez com que eu sempre observasse do que era capaz. Como temporão, segui esse lado da família de trabalhar desde cedo. Acompanhava-os no trabalho, via como as coisas iam acontecendo e acabei absorvendo essa dinâmica, como se fosse algo natural para mim.

Em alguns momentos, fui CLT, porque trabalhar numa empresa era interessante para que eu pudesse ter a minha, mas a veia empreendedora sempre esteve dentro de mim.

Conforme fui crescendo, fui desenvolvendo novas capacidades e criando negócios. Fui construindo com congruência tudo aquilo que proporciona a transformação das minhas habilidades em algo palpável. Eu aplicava meu conhecimento e tirava algo dele.

Todos nós queremos uma vida melhor para nossa família, e a esperança de ter esse futuro geralmente está no que fazemos hoje. Esse peso que chega até o empreendedor muitas vezes é incapacitante. Ele deixa de caminhar com leveza, porque não consegue dar conta. E quando eu falo de "dar conta" não estou me referindo apenas ao trabalho. Para viver, é preciso ter certa dose de equilíbrio emocional e, além disso, práticas espirituais que possam fazer com que seu mundo interno seja capaz de lidar com tudo que parece minar suas forças.

Quando falo de práticas espirituais, não me refiro à religião. Me refiro a um autoconhecimento que traga conexão com seu "eu", que te faça sair um pouco da racionalidade e criar força interna para superar desafios e problemas humanos. Todos temos um limite do uso do intelecto e precisamos alimentar o nosso mundo interno e entender que a nossa alma — ou como você quiser chamar a parte eterna da sua vida — não estaciona.

Se não trabalharmos internamente, não conseguiremos dar conta das demandas. Por isso, posso até transferir minha experiência a você, mas se você não se abrir para a experiência e internalizar a vivência, não será capaz de sair do lugar. Em nada.

Quando trabalhei com minha família na empresa, não tive nenhuma moleza. Todos dificultavam as coisas para que eu desse valor ao que tinha. E o que me fez agir como empreendedor foi entender que um "dono" de negócio sempre tem um olhar diferenciado para as coisas. Ele sabe da sua responsabilidade no todo e age como se o negócio fosse dele. O colaborador que age como CEO pode crescer muito, porque se responsabiliza pelos seus atos.

Hoje, uma das condições que separam as pessoas da minha equipe é que as boas agem como donos: se responsabilizam, entendem o que é necessário ser feito, fazem as coisas crescerem e buscam a estabilidade emocional e espiritual para ter força na hora das tomadas de decisões difíceis.

Na condição de protagonista, crescemos. Por isso, pouco importa se você é CLT ou empreendedor. O fato de agir como protagonista o diferencia onde estiver. E, a partir daí, as coisas mudam, porque você está no controle, não os fatores externos.

Isso sempre esteve enraizado em mim, já que saí da empresa familiar e fui para o mercado financeiro em 2009 e, num escritório de investimentos, já percebi qual era meu papel questionador e discordei do sócio, porque acreditei que ele poderia fazer mais do que realmente fazia sem tanto esforço. Eu não tinha ideias mirabolantes. Eram ideias normais. Eu era educado, mas ele não queria ouvir e saber que isso poderia gerar resultados bons, então saí de cena.

O fato é que, sempre que chegava no objetivo que tinha traçado para mim, via que não fazia mais sentido estar ali. E, quando saí da maior empresa de investimentos do Brasil, abri a minha empresa. Trouxe novos sócios e dentro da empresa tracei uma métrica. Hoje em dia penso: "já que vou chegar lá, a única coisa que vai mudar é como vou chegar", e a pergunta que me faço todos os dias é: "O que estou fazendo vai me aproximar disso?".

Nem sempre foi fácil. Houve desafios que pareciam intransponíveis. E como agi diante de cada um deles? Com uma força interna que sempre alimentava. Não existe líder sem força interna e, por mais que os "perrengues" nos fortaleçam, é necessário observar todas as áreas da sua vida para não entrar em colapso.

Não é a empresa que colapsa. É o líder que perde a capacidade de gerir a empresa e perde sua força interna de lutar e encaminhar sua equipe. Para ter potência, crescer e revolucionar a si mesmo, é necessário ter consciência de que quem não guia a si mesmo e não se estuda não adquire forças para viver.

> **NA CONDIÇÃO DE PROTAGONISTA, CRESCEMOS. POR ISSO, POUCO IMPORTA SE VOCÊ É CLT OU EMPREENDEDOR. O FATO DE AGIR COMO PROTAGONISTA O DIFERENCIA ONDE ESTIVER. E, A PARTIR DAÍ, AS COISAS MUDAM, PORQUE VOCÊ ESTÁ NO CONTROLE, NÃO OS FATORES EXTERNOS.**

@rodrigocohenoficial

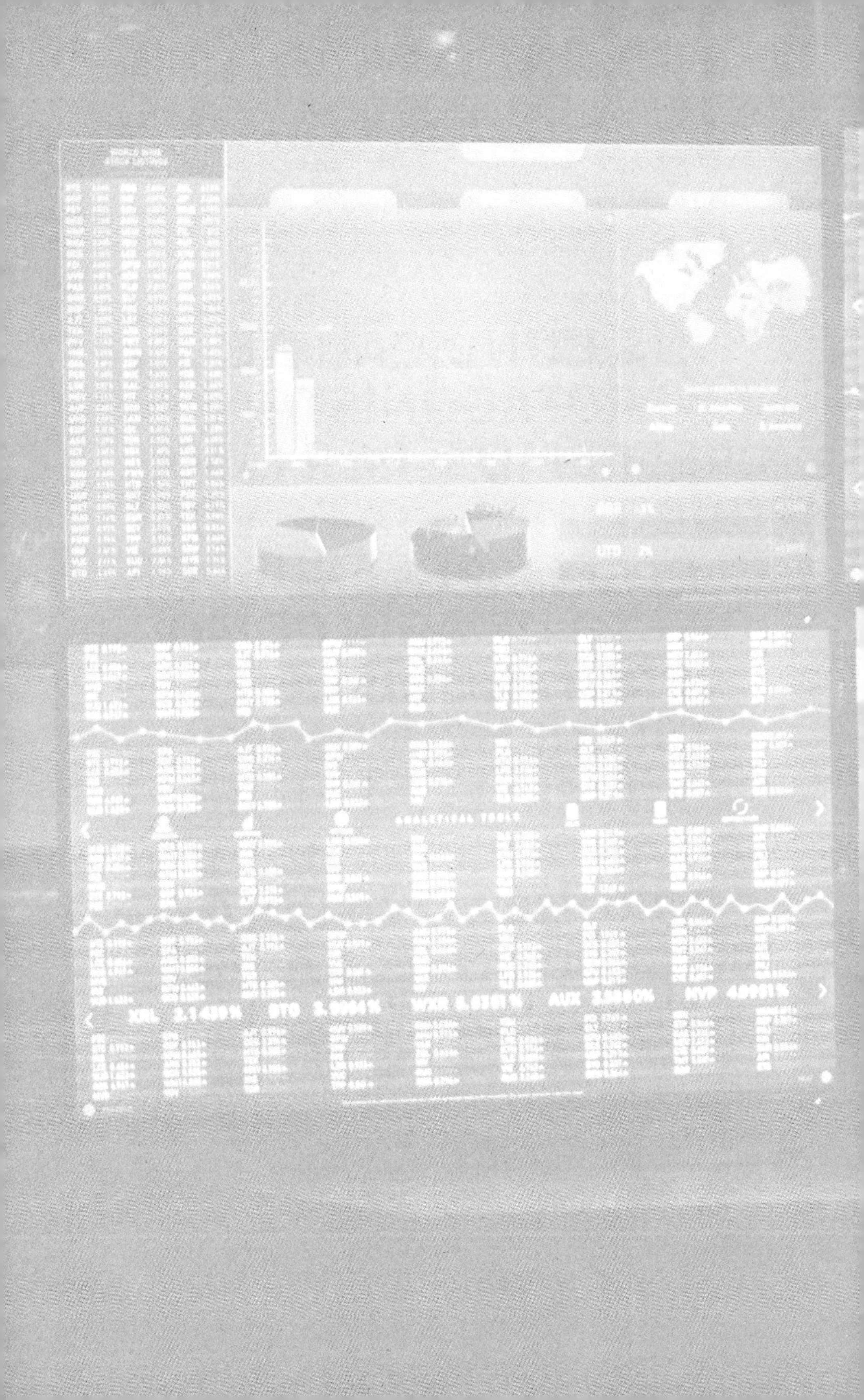
ANALYTICAL TOOLS
XRL
AUX

10 AS PALAVRAS MÁGICAS

Liderar equipes nem sempre é fácil, porque, ao mesmo tempo que exigimos resultados, precisamos inspirar e motivar pessoas sem usar as palavras. E entendi que uma das maneiras com que poderia fazer isso era me tornar obcecado pelo que queria transmitir e, dessa forma, internalizar as virtudes que fariam com que eu pudesse efetivamente ser a pessoa que gostaria.

Em determinado momento, eu me reuni com o Júlio Pereira, que é nosso grande consultor de mindset e mudou muita coisa na minha vida através da PNL — Programação Neurolinguística —, e meus sócios Vitor, Rafael e Carol. E o Júlio pediu que identificássemos os três pilares que temos em nossa vida. Identificando esses pilares, percebemos que eles regem toda nossa vida. E, quando encontramos essas três palavras, elas são tão reais para nós que qualquer pergunta que nos fazem sobre elas sabemos responder na ponta da língua, de tão representativas. Elas são definidas desde a nossa infância como três valores de que não abrimos mão de jeito nenhum.

> Os três pilares que identifiquei em mim foram: **verdade, crescimento e alegria.**

Trazer três palavras para sua vida, que te definam e ancorem seus superpoderes para que você possa repetir a si mesmo todos os dias, é como revigorar sua alma e reacender dentro dela aquilo que está apagado por algum motivo.

A verdade para mim sempre foi inegociável, sempre fui sedento por crescimento e gosto de temperar minha vida com alegria constantemente.

Encontrar suas palavras mágicas pode ser uma grande chave para que você encontre a sua essência e não a perca de vista. É como entender quem você é para poder transmitir o que há de melhor dentro da sua personalidade. Só que muitas pessoas não sabem o que querem, nem onde querem chegar, então fica difícil criar ferramentas que as acompanhem na trajetória.

O que quero dizer com isso? Que, talvez, se você não souber suas palavras, precisa entender quem te inspira a ser a sua melhor versão.

Buscar suas palavras pode ser a chave para que você detenha a imagem do futuro que quer para si e o construa com a maior clareza possível. Navegar pela vida sabendo para onde vamos, quais nossos pontos fortes e como esses pontos podem nos guiar rumo à vida que merecemos é uma das maiores conquistas do ser humano.

Imagine que você vai fazer uma festa de 100 anos e, nessa festa, fazem uma fila para te parabenizar e as pessoas falam de você.

Que características essas pessoas apontarão?

O que você se tornou?

Se você está conectado com o que é, coloque essas três palavras no seu dia a dia, porque, com o Metaverso, as redes sociais, é fácil que tudo isso cause cada vez mais afastamento do ser humano e de sua essência verdadeira. Mas se formos fiéis ao que somos de verdade, não nos traímos. Não seremos diferentes do que somos para agradar, para persuadir, para criar personagens ou favorecer a nós mesmos em contratos.

Se eu sou o cara da verdade, está dentro de mim ser íntegro e honesto em minhas negociações, em meus combinados, em tudo aquilo que vai fazer parte do meu dia a dia — tanto dentro quanto fora de casa.

O crescimento é uma palavra que me atinge em cheio, porque sei que o movimento gera vida e ficar parado ou estagnado não é exatamente o que vai promover ações mais efetivas para o mundo.

E, quando falo sobre alegria, lembro o bom humor que me socorre e acalenta o ânimo das pessoas ao meu redor nas horas vagas. O que seria da vida sem essa alegria, sem essa leveza, sem o senso de humor que transmite tantas coisas positivas para quem está diante de nós, sabendo que nem sempre aquele ser humano está em seu melhor dia?

Falar dessas palavras mágicas neste livro é vital, porque vejo muitas pessoas se afastando da própria essência enquanto correm atrás do dinheiro. Seja quando ganham muito ou quando perdem. E não podemos deixar os ganhos e perdas pautarem a maneira como somos diante da vida. Talvez esse seja um dos maiores segredos de viver. Ser quem somos, independentemente do que acontece lá fora, do que nos faz ter medo, faz reagir e tenta nos derrubar.

Meu maior propósito é fazer com que as pessoas entendam esse princípio, porque, se estiverem alinhadas com a essência delas — que pode ser representada por simples palavras —, elas conseguem se lembrar de quem são nos momentos ruins em que tudo está saindo do controle. E também nos melhores momentos, quando muitas vezes somos levados a crer que somos maiores do que aquilo que somos, e o ego acaba atrapalhando o fenômeno chamado "evolução".

Para evoluir, chegar aonde se quer e entender a si mesmo, é primordial saber que existem mil maneiras de recorrer às suas forças internas e elas só se tornam potências quando nos lembramos de onde viemos, para onde vamos e quem somos, principalmente para as pessoas que nos cercam e o que podemos fazer pelo mundo dentro das condições que temos, com os talentos que podemos multiplicar a partir de nossas ações.

"COMO VOCÊ REAGE AO QUE ACONTECE A VOCÊ?

AS COISAS VÃO CONTINUAR ACONTECENDO DIA APÓS DIA, MAS A MANEIRA COMO VOCÊ REAGE DETERMINA TUDO."

@rodrigocohenoficial

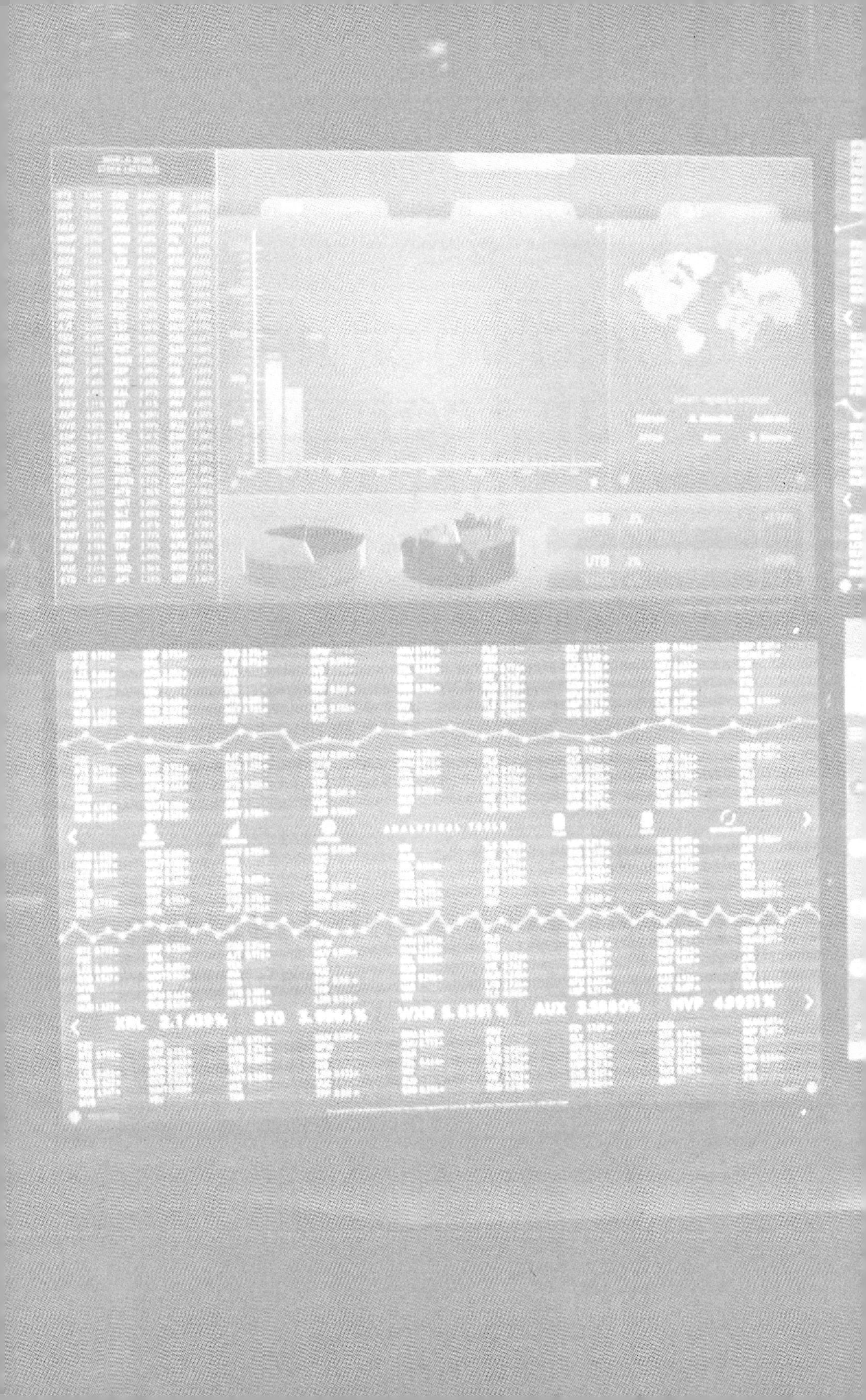
ANALYTICAL TOOLS
XRL 2.1439%
WXR
AUX

11
UM MAIS UM É
IGUAL A DOIS

É comum no meu meio as pessoas acreditarem que a vida de uma pessoa bem-sucedida financeiramente seja feita só de trabalho. O estereótipo do sujeito que ganha muito dinheiro já está construído no nosso imaginário há muito tempo. Geralmente acreditamos que essa pessoa acorde, trabalhe 24 horas por dia, se preocupe com assuntos relacionados ao trabalho o tempo todo, nunca tenha finais de semana, almoços, jantares com a família ou tempo livre para descansar, cuidar de si ou da espiritualidade.

A questão é que, na maioria das vezes, essas pessoas que vivem um estilo de vida que acreditam ser a oportunidade do século para ganharem dinheiro acabam destruindo a si mesmas e, quando a corda arrebenta, não têm mais o que fazer.

Por que estou falando isso? Porque nas minhas mentorias vejo muito o que acontece no dia a dia das pessoas. Observo o que dizem e a maioria dos discursos não está relacionada ao fato de que a pessoa não está conseguindo ganhar dinheiro com o trade, mas ao fato de a pessoa não saber que, para prosperar em qualquer área da vida, é preciso primeiro cuidar de si.

Hoje, uma das coisas que mais prezo na minha vida é a rotina. Sei o quanto é libertador ter uma rotina que me inclua na minha agenda. Faço questão de levar meus filhos à escola, ir à sinagoga, fazer minhas lives, fazer reuniões, tanto quanto ir à academia, almoçar com a família e ter tempo livre. E sei que se eu fosse refém do mercado financeiro, não teria uma vida de liberdade.

> Pode parecer uma desconstrução para você, mas essa é uma das verdades duras que temos que aprender logo cedo: rotina traz liberdade.

E só estou dizendo isso porque muitos seguem numa vida de excesso de trabalho e não ponderam que, se não zelarem pela saúde, pelo relacionamento, pela espiritualidade e pela família, em algum momento tudo pode ruir.

Eu queria chacoalhar a forma como você enxerga as coisas em sua vida e pedir que faça uma autorreflexão. Afinal, como você enxerga tudo que faz? Como uma punição e uma limitação ou uma libertação?

O que é liberdade para você?

Vou te dar um exemplo: para uns, liberdade significa poder comer tudo que quer. Mas, será que o gordinho feliz é livre porque come o que gosta? Uma pessoa que come tudo que quer a qualquer momento é uma pessoa livre ou é uma pessoa refém de si própria? Esta pessoa em algum momento da vida terá que arcar com as consequências dos seus atos e o "fazer tudo que se quer" vai cobrar seu preço. O colesterol, os índices glicêmicos... a saúde vai trazer sinais. E quando essa pessoa receber tais sinais já será tarde: ou ela vai precisar remediar através de remédios ou finalmente buscar uma mudança de hábitos que lhe tragam uma rotina saudável: logo, ela vai acreditar que está "presa" numa rotina quando for na academia ou comer uma salada com uma proteína ao invés de uma macarronada no almoço.

Só que, se criarmos uma rotina que nos traga benefícios, não precisaremos lidar com restrições no futuro. E isso vale para tudo: para as áreas financeira, de relacionamento, de saúde e espiritual.

Hoje, por princípios relacionados à minha religião, eu não trabalho aos sábados. Para uns, isso seria inadmissível, para mim é algo que me permite fazer inúmeras coisas que eu jamais faria se não respeitasse o sábado. A mesma coisa em relação à rotina. Quando tenho uma rotina, produzo mais, cresço mais, sou mais útil.

Se eu fizer de qualquer jeito, não tenho rotina. E isso não vai ser bom para mim no longo prazo, como no caso da pessoa que come o que quer e não se preocupa com a saúde.

Eu não vou ter liberdade se seguir regras que não vão me proporcionar ser uma pessoa livre de verdade.

> Muita gente me diz que quer "viver de trade" e nem sabe o que isso significa. Viver de trade não é apertar um botão ao acordar sem escovar os dentes. É acordar cedo, meditar, estudar o mercado, estar centrado para tomar decisões rápidas e efetivas e principalmente se atualizar constantemente.

Rotina muitas vezes está relacionada a fazer algo "ruim" e, na verdade, rotina é simplesmente fazer a mesma coisa todos os dias de forma organizada, desde que não se torne chato.

Viajar com a minha esposa a cada dois meses hoje faz parte da minha rotina. E estou com ela há mais de vinte anos. Ou seja: encontramos uma maneira de oxigenar o relacionamento e "sair da rotina" criando uma rotina só nossa de cuidado um com o outro.

Minha rotina de autocuidado inclui treinar todos os dias, e eu posso afirmar, convicto, que amo isso. E, além de gostar, ela me faz bem.

Existe uma forma de fazer com que a rotina seja uma série de coisas boas. Você não é livre sem rotina. Se você só está atuando nas coisas urgentes e não nas coisas importantes, sendo que estas fazem diferença na sua vida, está apagando incêndios sem tempo de respirar. Esse não é o estilo de vida que vai te levar a algum lugar.

É importante saber dizer não para as coisas que você pode simplesmente terceirizar ou dizer que não pode abraçar aquilo.

A prioridade é sua vida. Não tem trabalho que valha mais que isso. E se você não estiver bem, não tem história para contar.

Em alguns momentos da minha vida, eu recomecei. Às vezes com mudanças grandes e às vezes com mudanças pequenas. Mas foram momentos em que repensei vários hábitos e observei o que precisava jogar para o alto. Tem horas que precisamos assumir nossos erros e recalcular a rota de nossas vidas.

Um exercício poderoso de visualização para quem quer fazer isso é simplesmente observar quem você quer ser daqui a dez anos. Pensar tudo relacionado ao seu "eu" do futuro e quando este cenário estiver completo, ir lá conversar com essa sua versão do futuro e perguntar "como foram os últimos dez anos? O que você fez para chegar até aqui?".

Essa informação vai te trazer um bom panorama do que precisa ser mudado imediatamente. Você precisa cuidar mais da saúde? Do relacionamento? Da espiritualidade? O que anda capenga na sua vida neste momento?

Apague e formate o seu HD e reinstale o que não está bom. Você precisa fazer uma mudança drástica de rotina e criar hábitos de vida que trarão essa liberdade para poder viver o que realmente deseja.

Não espere a corda arrebentar.

ROTINA COMPROMETIDA COM RESULTADO É LIBERTADORA

@rodrigocohenoficial

O resultado financeiro não vem de acordo com o que você se dedica ao trabalho. Fazer algo que o aproxima de si mesmo e de sua essência é o que vai trazer resultados para sua vida.

Hoje muitas pessoas estão entrando em depressão observando suas vidas indo ladeira abaixo. Não conseguem ter discernimento de práticas espirituais que trazem benefícios no curto e longo prazo e só se aproximam da espiritualidade quando estão "precisando" de favores.

Confesso que minhas práticas espirituais só se intensificaram com o nascimento do meu primeiro filho, Daniel. Depois de um parto difícil, tive um estalo. Fiquei atento a tudo e preocupado com o tipo de pai que eu queria ser. Isso fez com que eu buscasse outros valores. Estar apenas conectado com o trabalho não faria de mim um homem melhor para transmitir valores ao meu filho.

Algumas coisas são óbvias, mas nem por isso são práticas constantes no mercado. Da mesma forma que um mais um é igual a dois, focar no resultado financeiro puro e simples não traz grandes resultados na vida.

Rodrigo Cohen

E eu preciso te dizer isso: não é o dinheiro o único caminho. Não estou dizendo que você não deva dar importância a ele. Mas deve ter mais tranquilidade para poder ganhar.

Uma coisa que observo no meu dia a dia é como as pessoas que não dependem só de trade para viver passam a ter mais resultado, porque não estão focadas 200% naquilo.

A verdade é que o ser humano tem dois tipos de objetivos. Isso muda muito o jogo. Os maiores objetivos estão ligados a sentimentos e sensações. Por exemplo: o meu objetivo maior é ter um momento lindo com minha família, realizar um sonho X, poder ir para tal lugar. Não é algo material: é algo que vai te dar uma sensação. No entanto, as pessoas focam no objetivo pequeno e não conseguem chegar ao objetivo principal, e aquele mundinho se torna o principal. E tudo se torna mais difícil, porque parece que a pessoa está sempre jogando a final do campeonato. Ela teria mais condições de cumprir o game final caso tivesse essa clareza.

> Uma outra premissa para se ter bom desempenho nos negócios é que se você não tem prazer no caminho que está trilhando, não conseguirá ter prazer no final.

O dinheiro não é o foco. Ter um milhão de reais na conta não muda nada.

Uma vez fiz um resgate na minha conta bancária e ia fazer uma aplicação e tirei um print. Um milhão na conta. Uau. Podia parecer muito, mas aquilo trazia uma sensação momentânea. Não é uma sensação que vai me alimentar para sempre. A sensação acaba. Não tem mais prazer em ficar pensando no quanto se tem. Isso não tem prazer duradouro. Mas se você parar para pensar no que pode proporcionar para sua família com esse dinheiro, a coisa muda. Qual qualidade de vida, que tipo de viagem, de cotidiano. E isso transforma a sua autoestima para querer trabalhar com mais constância e trazer melhores resultados para si.

Ao mesmo tempo, a história de sempre subir a sua régua e querer mais pode ser um grande obstáculo para sua vida, já que muitas vezes estamos viciados no prazer da conquista e não focamos na celebração do resultado daquilo que conseguimos.

Eu já fui o cara que pulava de objetivo em objetivo. Com o tempo, percebi que isso era uma coisa constante e entendi que eu não achava que merecia comemorar. Era como se uma "falta de merecimento" congênita me deixasse daquele jeito. Eu simplesmente achava que não podia ter coisas boas. Eu driblava a sensação de fazer coisa boa tendo outra coisa para fazer depois.

Claro que o primeiro passo para se corrigir algo é reconhecendo aquilo. E, reconhecendo, ficou muito mais fácil. Até que a prática das comemorações começou a se tornar comum e hoje eu sei vivenciar aquilo que conquistei com mais intensidade ao invés de sempre buscar algo maior.

Observe na sua vida o programa que precisa ser deletado, aquele que precisa ser instalado e reinicie. Mais de uma vez, se preciso. Transforme-se na sua melhor versão, mesmo que isso exija de você um esforço inicial que te tire da zona de conforto. É através da nova rotina que você vai ter a liberdade que tanto busca: física, mental, espiritual e financeira.

Acredite: palavras de um homem que já sentiu na pele o que você está sentindo agora.

> "SE VOCÊ SÓ ESTÁ ATUANDO NAS COISAS URGENTES E NÃO NAS COISAS IMPORTANTES, SENDO QUE ESTAS FAZEM DIFERENÇA NA SUA VIDA, ESTÁ APAGANDO INCÊNDIOS SEM TEMPO DE RESPIRAR. ESSE NÃO É O ESTILO DE VIDA QUE VAI TE LEVAR A ALGUM LUGAR."

@rodrigocohenoficial

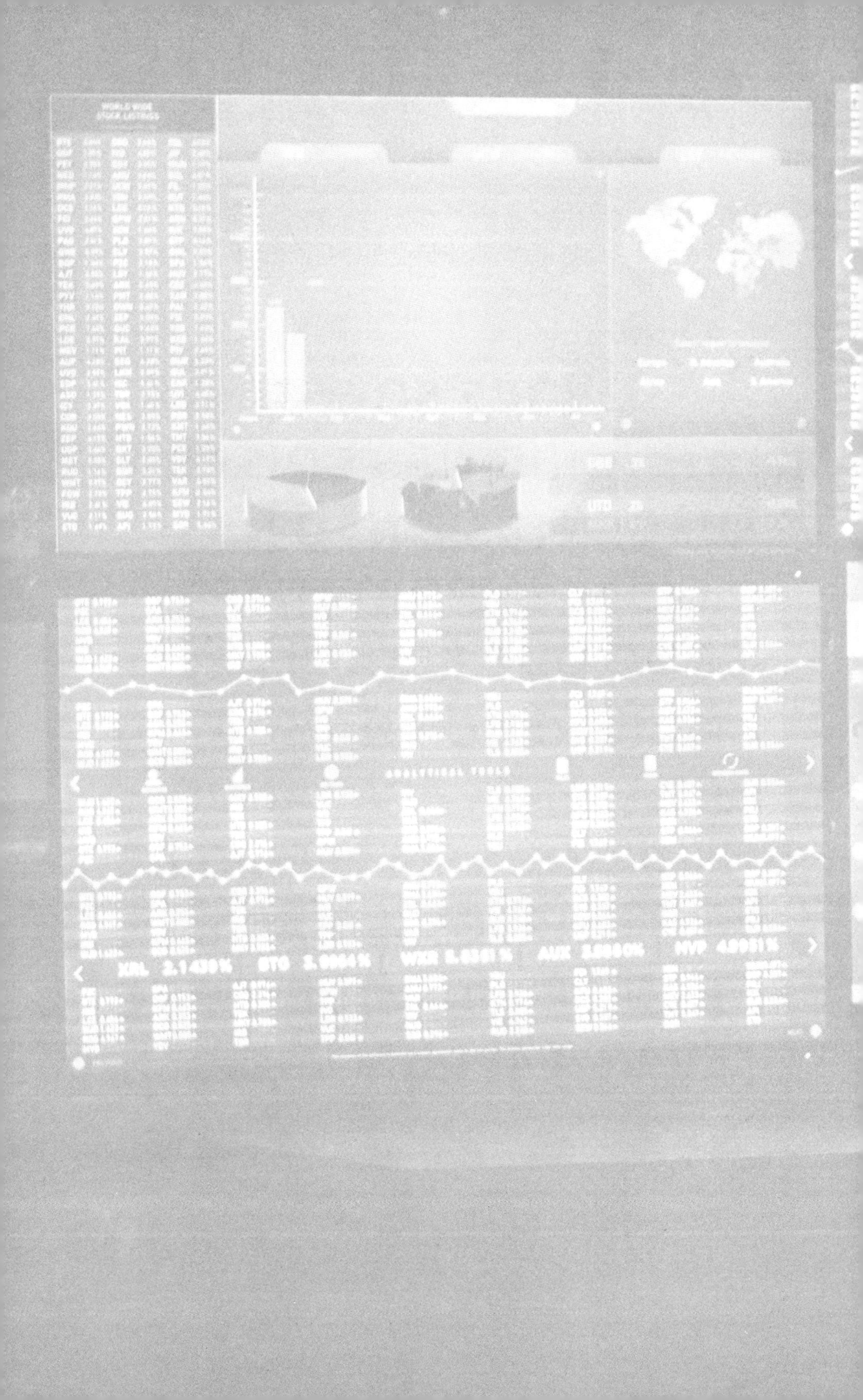

12
O XIS DA QUESTÃO

"Viva o seu sonho."

Eram essas palavras que estavam estampadas na parede do escritório onde eu trabalhava. Na época, eu sabia da boca de quem tinham sido tiradas e, todos os dias, ao entrar naquele lugar que trazia minha renda mensal, sentia que estava de alguma maneira traindo a mim mesmo.

Para qualquer ser humano, não existe nada pior do que a sensação de procrastinar um sonho ou trair a si mesmo. Eu tinha o sonho de viver de trade, mas não imaginava como isso poderia ser possível naquele momento em que eu tinha um emprego estável. Jogar tudo para o alto para arriscar em algo 100% do meu tempo não me parecia a coisa mais inteligente a ser feita. Eu pensava numa transição mais orgânica, sem ter que renunciar a nada para poder ir adiante com meu sonho. Só que as palavras da parede me machucavam. Era ali que eu vivia meu sonho?

Aquele sonho das paredes tinha sido sonhado por outras pessoas. E eu achava injusto passar a maior parte do meu tempo realizando o sonho dos outros. Mesmo assim, fazia o que precisava ser feito.

Tinha conhecido o PNL fazia muito tempo. PNL é a abreviação do termo programação neurolinguística, que resumia a habilidade de organizar a comunicação e o sistema neurológico para conquistar objetivos específicos, utilizando o sistema nervoso por meio do qual a experiência é recebida, processada e concebida. Tudo isso de uma forma não verbal que representa a experiência e o significado. Traduzindo: a PNL tem o poder de reprogramar o seu cérebro pra você ser uma pessoa ainda melhor!

No entanto, a PNL não era conhecida do jeito como é conhecida hoje. Conheci a PNL raiz através da boca do meu pai, que nunca tinha feito um curso sequer sobre o assunto, mas tinha ouvido falar a respeito e dominava a técnica da persuasão como ninguém. Ele convencera um grande grupo a fazer uma experiência numa rede de lojas e mostrara como a unidade onde as vendedoras tinham feito o curso de PNL tinha se transformado completamente. As vendas haviam triplicado, e o faturamento era muito maior do que na loja onde as vendedoras não tinham feito curso algum.

A verdade é que essa informação estava latente no meu inconsciente quando minha irmã Norma chegou para contar que tinha feito um curso de PNL e aquilo teria mudado sua maneira de encarar a vida.

Não dei muita bola até entender como outras pessoas tinham sido afetadas em uma vivência de PNL que durava um final de semana e decidi conferir para ver o que acontecia naquele lugar. Curioso, sempre fiz questão de conhecer antes de formar qualquer opinião a respeito de algo. Assim, me inscrevi na tal imersão.

No primeiro dia, tínhamos uma tarefa simples: decorar um texto para apresentar na manhã seguinte.

Fiz a lição de casa sem muito esforço e, no outro dia, quando o líder perguntou quem queria ser o primeiro a discursar diante do grupo, não me levantei. Decidi esperar. Mesmo com a fala na ponta da língua, pensei em dar oportunidade aos outros.

Esperei uma, duas, três pessoas irem até o pequeno palco e disse a mim mesmo que quando chamassem o décimo eu me prontificaria. Só precisava esperar mais um pouco.

O fato é que o líder colocou todos que não tinham se prontificado imediatamente em outra sala e nos fez sentir os efeitos daquela falta de atitude inicial. O mal-estar era presente e nítido. Quando nos convocou novamente, marcou um xis no centro da sala e fez com que parássemos numa posição desconfortável. Quem conseguisse caminhar até o centro naquela posição poderia ter sua nova oportunidade.

Anos depois, esse mentor em PNL, Júlio Pereira, se tornaria um grande amigo e parceiro profissional meu. Ele me ensinou o seguinte:

"Quando perdemos uma oportunidade, da próxima vez que ela vier, será preciso muito esforço para que o que queremos fazer se concretize".

Eu poderia ter discursado voluntariamente e havia decidido esperar. Por que tinha desperdiçado aquela oportunidade?

Saí dali com a sensação de fracasso. Não consegui chegar ao xis na segunda oportunidade e poderia simplesmente ter levantado o braço e feito meu discurso na primeira vez em que fomos convocados.

Amarguei aquele final de semana durante dias e fiquei pensando na procrastinação que levamos para a vida, em como adiamos sonhos, como a vida passa cheia de oportunidades enquanto ficamos pensando se devemos ou não ir adiante.

Não sei quanto tempo se passou desse dia do xis até o dia em que efetivamente me levantei da cadeira de trabalho e comuniquei minha decisão de ir embora. Mas sei como aquele xis me impactou para que eu tomasse uma atitude.

Caminhei pelos corredores do escritório — onde estavam coladas as frases de efeito de uma pessoa que tinha acreditado no próprio sonho — e entendi que não podia postergar mais o meu sonho. Aquilo me custaria caro demais.

Só que fazemos isso todos os dias. Não priorizamos a nós mesmos, vamos adiando a oportunidade que está diante dos nossos olhos e, quando menos esperamos, ela já não está mais. Passou a hora ideal e tudo ficou muito mais difícil. O xis que era um lugar tão acessível se tornou um ponto quase impossível de ser alcançado. E tudo por causa da nossa falta de coragem, de amor-próprio, excesso de altruísmo ou abnegação, medo ou insegurança em seguir adiante.

Depois desse episódio, definitivamente me tornei outra pessoa.

Em todos os momentos em que percebia oportunidades, de imediato, me lembrava do xis, da posição ingrata em que tinha sido obrigado a ficar por não ter tido a ousadia de ir adiante na primeira tentativa e, curiosamente, passei a agarrar todas as micro e macro oportunidades que transitavam pelo meu caminho.

Acredito que você pode estar numa bifurcação neste momento e não seja fácil. Nossas vidas têm pontos onde não sabemos para qual caminho seguir. Mas esses mesmos pontos se tornam pontos de inflexão[5] à medida que damos grandes saltos de desenvolvimento se nos agarramos à coragem de seguir nossos sonhos. Porque viver o sonho dos outros pode ser uma coisa que aos poucos vai minar sua capacidade

---

5 Termo retirado do livro best-seller *Ponto de Inflexão*, do autor Flávio Augusto, publicado pela Buzz Editora, 2019.

de criar a sua oportunidade. E não tem desperdício maior do que uma vida não vivida, uma pessoa com potencial desperdiçado, porque teve a alma comprada por um bocado de dinheiro no final do mês que trouxe certa sensação de segurança.

Sonhos não nascem em canteiros. Você tem o dever de fazê-los nascer dentro de si. De semear, regar, vê-los crescer, até que possa estampar nas suas paredes aquilo que demorou para conquistar por mérito próprio, coragem, entendimento de que a vida passa e exige de nós uma certa ousadia.

Procrastinar algo que deve ser feito por si só já é algo que deveria nos envergonhar. Seja pelo motivo que for. Mas declinar de um sonho ou de uma missão que está no seu caminho é exatamente o que te enfraquece, despotencializa e mina sua capacidade de sucesso.

Se for para ser obcecado por algo, que seja pela sua vida, pelos seus resultados, pelo que pode construir, o que pode transformar, o que está diante de si. Oportunidades passam, e a dor da frustração pode ser grande demais para ser carregada nas costas quando você perceber que não fez o que estava ali, diante de você, pedindo sua ação imediata.

> Não se acovarde diante da vida, nem deixe que as frases de efeito dos outros possam te representar enquanto você trabalha para sustentar o sonho deles.

A rebeldia às vezes pode ser apenas você ser você mesmo e pagar o preço da sua decisão. Antes que seja tarde. Antes que o seu xis — seja ele qual for — saia de seu campo de visão.

> "SONHOS NÃO NASCEM EM CANTEIROS. VOCÊ TEM O DEVER DE FAZÊ-LOS NASCER DENTRO DE SI. DE SEMEAR, REGAR, VÊ-LOS CRESCER, ATÉ QUE POSSA ESTAMPAR NAS SUAS PAREDES AQUILO QUE DEMOROU PARA CONQUISTAR POR MÉRITO PRÓPRIO, CORAGEM, ENTENDIMENTO DE QUE A VIDA PASSA E EXIGE DE NÓS UMA CERTA OUSADIA."

@rodrigocohenoficial

13
ATÉ QUANDO VOU ESPERAR?

Um pai mais ou menos próximo de mim chegou outro dia para conversar e disse que, pelo fato de eu estar envolvido nas atividades da escola, saberia que o filho dele é bolsista.

"Minha situação financeira atualmente está ruim", ele disse, e perguntou sobre a minha mentoria, pedindo minha opinião. Ele trabalhava com vendas e me via como referência de uma pessoa bem-sucedida, já que conhecia minha vida pública. Sabendo disso, ele me perguntou o que eu faria.

A esposa não sabia da situação financeira deles. Segundo ele, aquilo poderia atrapalhar o relacionamento do casal. Ele estava há anos na empresa, a comissão tinha caído muito e ele não sabia o que fazer. Sendo assim, ele sentia uma grande impotência. Aos 48 anos, não sabia o que fazer da vida e estava ficando depressivo por causa disso.

Como ele não se atentava para o fato de que tudo ia piorar, vivia "como se não houvesse amanhã" e não tinha recursos para se sustentar e, com seu maior cliente fora, as reservas tinham acabado a ponto de ver sua conta de luz vencer na semana seguinte e não ter dinheiro para pagar. Se ele não pagasse a conta de luz e cortassem a luz, tudo viria à tona.

"O que você me diz?", ele perguntou.

A primeira coisa que eu disse é que sua esposa precisava saber. Parceria é parceria, e casais precisam dividir tudo na fraqueza e na força. Eu já passei por isso e sei que amanhã posso não estar tão bem quanto hoje, mas sem o apoio da pessoa que você escolheu pra dividir a vida, fica tudo mais complicado.

A segunda coisa é que, da mesma forma que nada é bom pra sempre, nada é ruim pra sempre também. Em algum momento, você vai ter sua vida de volta, mas precisa de resiliência para aguentar o tranco. Só que, com medo e sensação de impotência, essa postura não o ajudará a retomar a própria vida.

Todos precisam saber que a Lei da Inércia acontece muito na vida das pessoas. Ou seja, "o corpo tende a manter a direção até que uma força mais forte faça resistência". Quem está andando pra frente anda pra frente. Quem está andando para trás continua andando para trás.

Se você está numa situação ruim na sua empresa, a tendência é continuar pior. E se hoje você não paga a conta de luz, amanhã será despejado e depois acabou. Se não é isso que você quer, você precisa encontrar alguma coisa que vai fazer você reverter essa tendência de queda na sua vida financeira e mental para que possa voltar a subir e ter a tendência de quando estava lá em cima. Isto é vital: se lembrar de quando esteve na fase boa.

Quem continua esperando precisa perguntar a si mesmo: "até quando vou esperar?". Você tem que perceber até onde vai. E pensar: "o que vou fazer?".

Vai buscar outra coisa? Outro emprego?

Para ganhar mais, é preciso vender mais ou buscar algo novo, seja em meio período ou em tempo integral.

A objeção dele era a de muitos: "eu tenho muito medo". Para mim, ele precisava entender que não dava para esperar ser mandado embora. Ele estava esperando o quê?

Era só imaginar ser mandado embora. O que ia acontecer de pior? Teria que ter uma renda extra e procurar outro lugar para trabalhar.

Como fazer para conseguir tudo isso? Voltar para o passado, se lembrar de como ele era quando estava bem, pois dizia que era um cara otimista, com a cabeça para frente e tudo mais, resgatar esse cara que era uma pessoa assim e, ao menos momentaneamente, esquecer a situação atual, parando de agir como aquela pessoa pessimista e cabisbaixa que se tornou.

As oportunidades boas não aparecem para uma pessoa desmotivada, triste ou com baixo astral. Simplesmente não vão aparecer. Elas aparecem para pessoas que são fortes. Por isso, ele deveria voltar a ser essa pessoa forte, tanto no lado material quanto espiritual. Essa afirmação é uma lei universal. Se temos dois candidatos para uma vaga, você contrataria o cabisbaixo implorando por algo ou aquele com a energia voando?

Você precisa mostrar que você é "o cara", mesmo que não seja naquele momento. Quando está numa energia negativa, na *bad*, para poder reverter esse estado, é preciso dar uma grande guinada, já que a tendência é ficar numa energia cada vez mais negativa. Tem que juntar forças para mostrar que está bem até que você fique bem, de fato.

Em vários momentos, você vai mostrar que está bem, mesmo não estando, para se sentir melhor. E quando você está bem, você olha a vida de outra forma. Em muitos momentos da minha vida eu fui essa pessoa que não estava bem e tive que buscar forças para mostrar que estava, já que não estamos bem em todos os momentos. Temos altos e baixos.

Mesmo que você esteja num momento alto, você tem momentos baixos. Igual ao mercado: mesmo com tendência de alta, ele sobe e desce numa constante; a pessoa pode estar muito bem ou estar mal e, mesmo assim, vai ter momentos de altos e baixos.

Por isso, sempre me jogo para cima. E jogo as pessoas à minha volta para cima, pois jogando os outros pra cima, você automaticamente é jogado por eles também!

Se colocar num estado melhor pode te beneficiar, sempre. Quem está na zona de conforto não vai crescer nunca. E, para tomar sua melhor decisão, observe alguém que você admira. Essa pessoa pode ser alguém que você conheça pessoalmente ou não. Observe essa pessoa e pense no que ela faria no seu lugar. Ela procuraria outro lugar? Você pode pensar: "ah, essa pessoa tem dinheiro e é muito fácil para ela", mas imagine que essa pessoa está nas mesmas condições que você.

Uma vez meu irmão Ricardo disse algo que me trouxe a mesma convicção e isso foi dito há vinte anos. Ele estava num excelente momento da carreira e dizia: "se eu sair de onde estou, em qualquer lugar aonde eu chegar, vou ganhar dinheiro".

Hoje eu posso não ter dinheiro nenhum, mas sei que se eu abrir algo ou mandar currículo, eu sustento a minha família.

Então, não se trata de ter ou não dinheiro. Se trata do seu estado e da sua posição. E se você estiver numa situação ruim agora, observe uma pessoa que você admira e pense no que ela faria e faça — de forma responsável. Não tome uma decisão impensada ou que vá acarretar algo ruim para sua família.

Uma forma de resolver essa situação é saindo da sua zona de conforto e da sua inércia. Quem cresce não está na zona de conforto e, para voltar a crescer, precisa mudar alguma coisa, porque não adianta ficar esperando aparecer clientes.

Para aquele pai, a grande chave tinha sido pedir ajuda.

Não existe caminho mais rápido ou mais fácil. Nada que é ilícito acaba bem. A partir do momento que você busca ajuda, já é um primeiro passo. Senão você nem busca ajuda. Seja por não acreditar mais em si, porque nem percebeu que já é tarde demais ou por não acreditar que outra pessoa pode ajudar.

O fato de pedir a opinião de alguém denota que você sabe que pode ajudar.

Sinto insegurança quando vou fazer uma live, uma mentoria, mas se isso me limitasse, eu não teria nada nem chegaria aonde cheguei. Eu sei que tenho, mas venço isso a cada vez que eu penso onde estou.

As pessoas não acreditam em si e isso faz com que não tenham objetivos, porque não conseguem dar o primeiro passo. Fatores externos, na verdade, são internos. As coisas acontecem lá fora, mas como você recebe aquilo e devolve para o mundo?

Será que não conseguimos fazer uma alquimia para transformar o que somos e como somos? Organizar o tempo para ter mais resultado e produzir melhor.

Uma coisa que prezo é o autodesenvolvimento em todos os sentidos. Isso para mim muda o jogo. É você se desenvolver e buscar alta performance em tudo que puder, tanto no lado pessoal como no mental.

Para ter uma percepção diferente de tudo e, com isso, trazer resultados melhores, tenha objetivos e clareza sobre onde quer chegar. Um norte te faz seguir adiante, porque assim você sabe o que quer conquistar lá no final.

O ser humano vai de vitória a vitória e, inevitavelmente, chega um momento em que não terá uma vitória maior que a anterior, pois tudo tem um limite de crescimento e ele acaba se frustrando. O problema é quando essas frustrações acontecem mais de uma vez e acabam se tornando um "novo normal". E, para que eu não tenha um "novo normal", acabo deixando de criar grandes expectativas.

Por um lado, as grandes expectativas são boas porque nos obrigam a ter uma atuação mais forte, mas, por outro, se não conseguimos, porque nem sempre tudo depende única e exclusivamente de nós, nos frustramos por algo que nem sempre é nossa culpa.

No meu último treinamento, eu estava tratando sobre crenças, e algo interessante é que uma coisa que me limitava e deixava chateado era exatamente isso: criar expectativas muito altas por alguma coisa e acabar não alcançando as expectativas. E talvez eu criasse tais expectativas exatamente por saber que não ia conseguir. Era como se eu não quisesse ou me sabotasse. Coisas difíceis ou quase impossíveis. E meu subconsciente fazia aquilo para que eu não pudesse comemorar.

Muitas coisas não dependem apenas de nós e as equipes são feitas de pessoas. Cada um faz o que precisa ser feito.

Temos a ilusão de que as conquistas caem do céu e não são uma construção.

No momento em que não criamos expectativas e agimos com autorresponsabilidade, crescemos. É quando percebemos que a nossa parte foi feita. Muitos, ao se frustrarem, colocam toda a frustração no outro.

> "AS OPORTUNIDADES BOAS NÃO APARECEM PARA UMA PESSOA DESMOTIVADA, TRISTE OU COM BAIXO ASTRAL. SIMPLESMENTE NÃO VÃO APARECER. ELAS APARECEM PARA PESSOAS QUE SÃO FORTES."

@rodrigocohenoficial

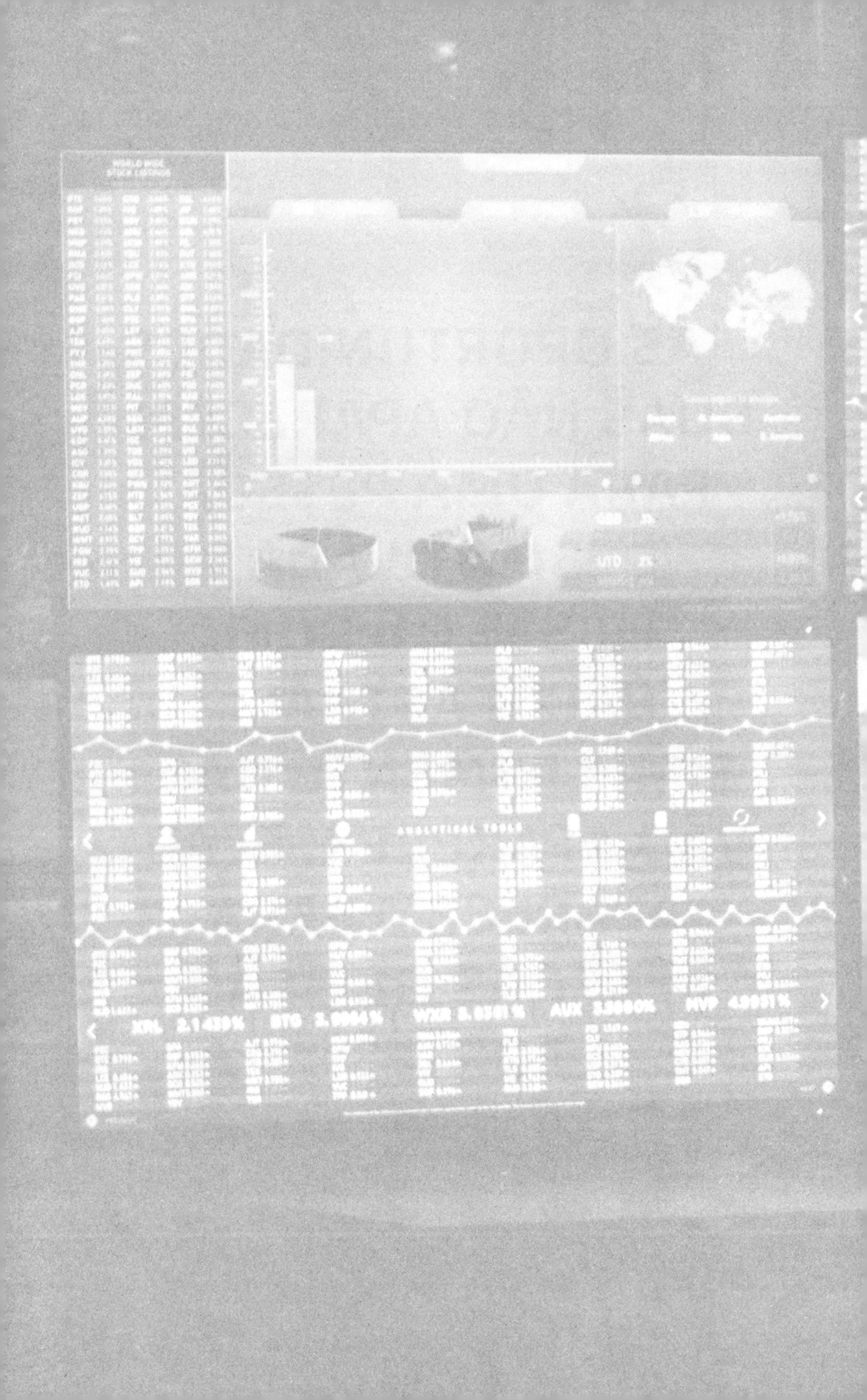
ANALYTICAL TOOLS
XRL
BTG
WXR
AUX
MVP

14

QUANDO VOCÊ ESTÁ NO SEU CAMINHO, O MAR SE ABRE

A Bíblia conta que durante o êxodo, um dos momentos mais marcantes é a abertura do mar Vermelho sob liderança de Moisés, para que seu povo fugisse da perseguição do faraó, que havia se arrependido de sua decisão. É nesta jornada que ele recebe de Deus os Dez Mandamentos.

Acredito que quando estamos no caminho correto, que nos eleva e nos leva à nossa missão pessoal e realizações, o mar literalmente "se abre" para a realização dos objetivos. Por isso, quero encerrar este livro falando sobre milagres.

Milagres acontecem a todo momento.

Enquanto estava encerrando este livro, estava prestes a me encarregar de uma das missões mais importantes da minha vida e teria uma reunião com duas das maiores pessoas da comunidade judaica no Brasil.

Minha missão era simplesmente seguir neste trabalho comunitário e estar com eles num domingo, em outra cidade. Seria um compromisso importante. Só que, no mesmo dia em que me chamaram para esta conversa, eu tinha um almoço marcado com minha esposa e um casal de amigos. Tínhamos marcado já fazia meses num lugar que precisava de reserva com antecedência. Estávamos preparados para aquele encontro entre amigos quando eu soube que, na mesma data, esses dois grandes doadores poderiam me receber em outra cidade. Fiquei dividido.

Por um lado, o meu trabalho comunitário, que estava sendo feito com paixão e entrega. Por outro, um dos meus maiores valores em pauta: um compromisso com a minha família. Sem saber o que fazer, não cancelei nenhum dos dois compromissos. Não queria chatear minha esposa e nem desmarcar aquele compromisso. E pedi a Deus: "que alguma coisa aconteça".

Imaginei que não teria passagem, mas tudo deu certo para a viagem. Então, cheguei em casa pronto para contar à minha esposa que teria aquele compromisso. Ao chegar em casa, ela me disse: "o casal desmarcou". E eu respirei aliviado.

Quando comentei com alguns amigos da diretoria da escola que iria assumir o cargo de presidente, eles disseram o seguinte: "você vai ver que, neste trabalho sagrado, os milagres acontecem a todo momento".

> **Tudo que me tira da zona de conforto, mas está dentro da minha missão, me faz entrar em cena sem pensar na chance de não dar certo.**

Por isso, queria que soubesse que, independentemente da sua crença, tenha fé. Porque você terá condições de fazer tudo aquilo que precisará ser feito através de você. O dinheiro virá como consequência.

E eu quero que você use este livro como uma carta de um amigo que poderá te aconselhar em todos os momentos de sua vida. Mesmo que você esteja passando por uma situação ruim, em que perdeu tudo, ou num dia em que teve um grande ganho.

Na vida e no trade temos ganhos e perdas. E precisamos de todos esses pilares que podem nos nortear. Mas, sem a fé, sem a sua fé no processo, nada será possível. Acredite.

Se inspire através do meu repertório de vida em como agir diante de situações inesperadas. E, depois disso, siga sua missão e inspire outras pessoas a crescerem, evoluírem, prosperarem.

Eu confio em você. E você? Confia em si mesmo?

Tanto na vida quanto no trade, as coisas são imprevisíveis. Tudo muda o tempo todo, mas a fé em si mesmo, a caminhada constante e o relacionamento com o Divino é que vão te recarregar para que você siga adiante. Não perca tempo com tantas preocupações. Dinheiro se ganha e se perde. A vida é como um trade. Altos e baixos. Uma montanha-russa constante que pode deixar você louco se não estiver centrado, porque você precisa estar de pé, para que, mesmo que tudo desabe à sua volta, possa ser firme em suas convicções.

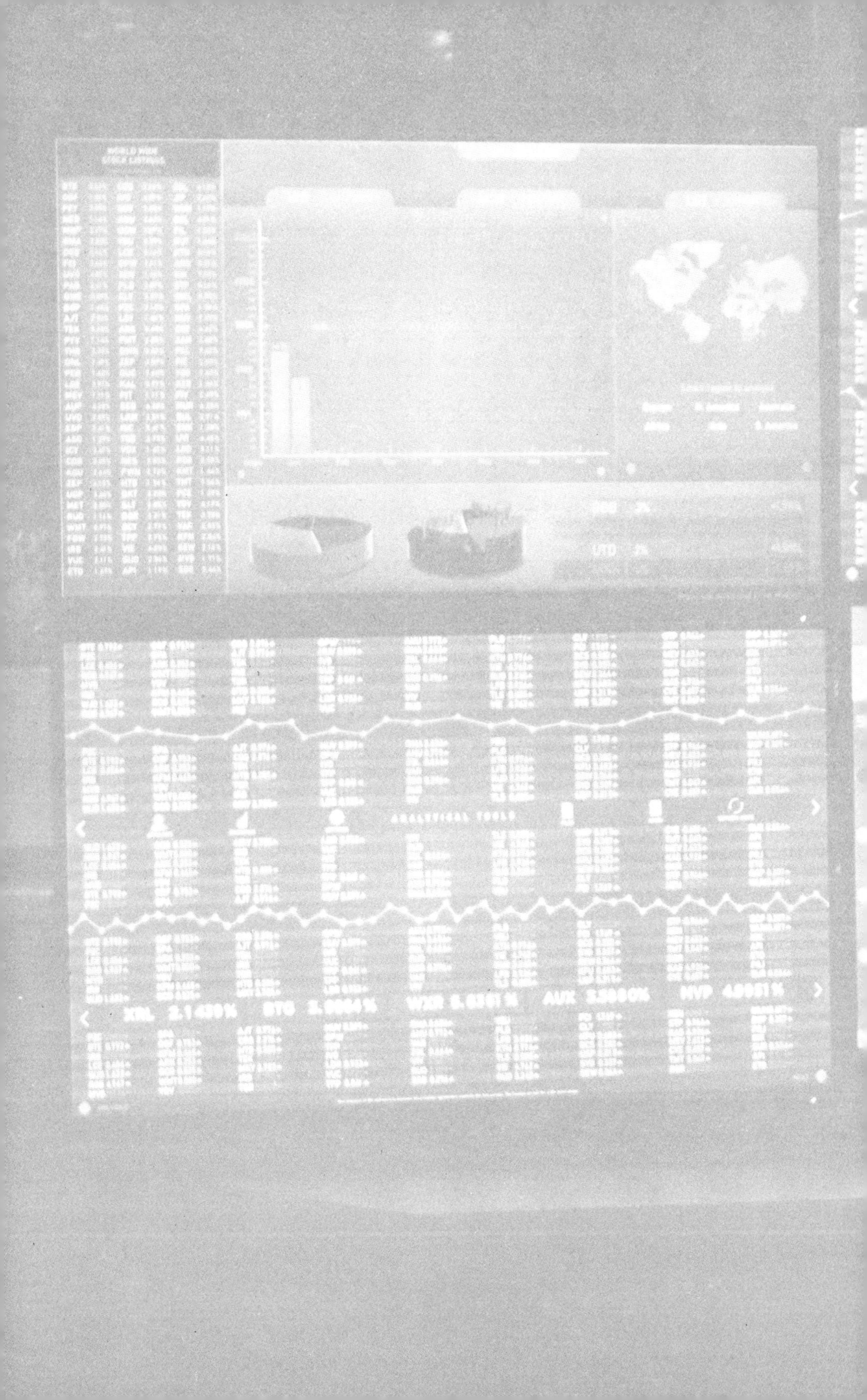
ANALYTICAL TOOLS

PARABÉNS!

Você chegou ao final do livro *A Vida Não Tem Simulador*, mas a sua jornada continua. Aponte a câmera do seu celular para o QR Code a seguir e tenha acesso a um presente muito especial preparado exclusivamente para você.

Transformação pessoal, crescimento contínuo, aprendizado com equilíbrio e consciência elevada. Essas palavras fazem sentido para você? Se você busca a sua evolução espiritual, acesse os nossos sites e redes sociais:

Leia Luz – o canal da Luz da Serra Editora no YouTube:

Luz da Serra Editora no **Instagram**:

Luz da Serra Editora no **Facebook**:

Conheça também nosso **Selo MAP – Mentes de Alta Performance:**

No **Instagram**:

No **Facebook**:

Conheça todos os nossos livros acessando nossa **loja virtual**:

Conheça os sites das outras empresas do Grupo Luz da Serra:

luzdaserra.com.br

iniciados.com.br

luzdaserra

Luz da Serra®
EDITORA

Avenida Quinze de Novembro, 785 – Centro
Nova Petrópolis / RS – CEP 95150-000
Fone: (54) 3281-4399 / (54) 99113-7657
E-mail: loja@luzdaserra.com.br

Impressão e Acabamento | Gráfica Viena
Todo papel desta obra possui certificação FSC® do fabricante.
Produzido conforme melhores práticas de gestão ambiental (ISO 14001)
www.graficaviena.com.br